岩波現代文庫／社会 199

育再定義
の試み

鶴見俊輔

岩波書店

私よりも若く、私を追いこして
むこうに行ってしまった人たち
柴田道子、乙骨淑子、
那須正尚、柴地則之に

目　次

Ⅰ　教育とは何か……1
一　ある少年の事件から(2)　二　傷ついた部分に根ざす能力(6)　三　まちがいの手本としての教師(11)　四　家庭と社会での教育(16)　五　進歩について(22)　六「まるごと」と「全体」(30)　七　生き方と死に方(38)

Ⅱ　痛みによる定義……43
一　悪の自覚(44)　二　空想の世界(48)　三　鬱病と自己教育(51)　四　自分らしさをつくり、守る(53)　五　戦争のあそび(58)

Ⅲ　教育と反教育……65
一　アメリカで受けた教育(66)　二『思想の科学』の人たち(75)　三　サークルという場(87)　四　まなびほぐす(94)

Ⅳ　自己教育の計画……113
一　親問題をすてない(114)　二　親問題と子問題(125)　三　教育を学校の外にひろげる(130)　四　もうろくと自己表現(139)　五　より広い存在へ(140)　六　国家への服従と不服従(144)　七　死と生(148)　八　主権国家のほころび(155)　九　子どもは自分の父(160)

注……167

あとがき……193

解　説……芹沢俊介……195

I　教育とは何か

一　ある少年の事件から

一九九七年に神戸で一四歳の中学生が九歳の小学生を殺し、その頭を胴からきりはなして自分の学校の門の前におくという出来事があった。おなじ少年はその前に、小学校の女生徒ふたりをおそい、ひとりを殺し、ひとりに傷をおわせた。

このしらせをきいたとき、私は、自分が子どものころだったら、自分がこの少年Aのようなことをするかもしれないという不安をもっただろうと思った。私が一五歳をすぎたころならば、自分はこういうことをしない、しかしこういうことをするかもしれないものとして人に見られているのではないか、という不安からのがれられなかっただろう。七七歳の今、私は自分がそういうことをするものと感じていないし、自分がそういうことをするものと見られてもいないと感じている。同時に、だから自分は、少年の心の中にもはや入ってゆけないほどにぶくなっており、この少年の心から現代の教育を見ることができないことを自覚する。

同時代をゆるがしたこの事件について、私は内部からそれを論じることができない。だが、少年のかよっていた学校長が、学校で全校生徒をあつめてこの事件に何もふれないで、生命を大切にするようにという一般論の訓辞をしたということにも、共感できない。おなじ校長が新聞とテレビに対して、事件を重く受けとめているという、大臣や次官や銀行や証券会社の重役とおなじく型どおりの言葉づかいで自分を守っていることにも共感できなかった。教師は、官僚、商社重役と同じ言葉づかいに追いつめられたというのが、現在の日本である。親もそうなったらどうなるだろう。そして子どもが親にたいしてそうなったらどうであろう。心のこもらぬきれいな言葉だけが日本全体をおしつつむ。「おとうさんの言われることをぼくは重く受けとめます」と子どもが親に言うとき、ここが、日本の教育に対して逆転機になるのではないか。

事件の内部に入って、子どもの心をとおして、教育を考えることはできないとしても、この事件を、もっと長い年月の中において見ることを、たとえ外部から見ることに終わるとしても、私はここにこころみたい。

戦中にも、親による、教師による、そして子どもによる子どもへのいじめはあった。戦前にも、いじめはあった。だが、敗戦直後の一九四五年九月の新学期には、親による子どもへのいじめは別として、教師による子どもへのいじめは、少なくなっていたのではないか。神国必勝をとなえて、子どもをなぐっていた教師たちは、別の顔を子どもにむけざるをえず、土下座して生徒にあやまってから授業にうつった例もある。やがて、自分が完全なものとして教えてきた教科書に墨をぬることを生徒にさせている作業のあいだに、「こんなことをしても何にもならないんだが」とか、「こんなことしばらくの間だけだよ、もうすぐもとにもどるよ」というすてぜりふをまじえながら、生徒の墨ぬりを監督したふてぶてしいつらだましいをもつ教師は何人いたか？

神戸の少年のかよっていた学校の近くに、おくれて学校に来た女生徒を鉄のとびらをしめてはさんで死なせた学校があるのを、テレビで見た。それは神戸だけの特色と言えまい。

敗戦直後には、生徒にあやまって、温顔をもって対した教師たちの心のむきは、五〇年後には、戦後の経済成長と好景気というトンネルをぬけて、遅刻にたいして鉄のムチをふるう別の精神のイガタにうちなおされた。朝、教師は校門に出て、男生徒の頭髪がながくなっていないかどうかをしらべ、女生徒のスカートが膝下何センチかのきまりを守っているかどうかをしらべ、その上でしか、門をとおさないところが、一校ではなくある。芹沢俊介の書くように、学校は、戦中から戦後へとファシズムを温存するトンネルの役割を果たした。途中数ヵ月、トンネルがきれて青空のもとに教室がおかれたことはあったが。

一九四五年から六〇年にかけて、くらしはよくなった。戦前・戦中とちがって義務教育は小学校から中学校までのばされ、文字の読み書き能力はひろく向上し、知識の普及とともに社会全体が進歩してゆくというのがこの時代の教師に共通の考え方だった。

今も、おなじ希望を、小学校、中学校の教師たちはもっているだろうか？　もっているとしても、それは表むきにだけではないのか？

二　傷ついた部分に根ざす能力

教育は、人が生まれるところからはじまる。生まれたときに、すでに負わされている傾向については今後の研究をとおして、その個体に何ができて、何ができないかが、ある程度しかし完全にではなく、予想できるようになるだろう。胎児としての成長のあいだに、母親の感情や動作によって影響を受けることもあり、母親とまわりの人とのやりとりは、リズムとして、生まれる前から胎児に感得される。この段階では、母親と胎児のあいだに、動物同士としての相互教育がおこなわれる。生まれたあとでは、子どもは、さまざまの言説にさらされるが、それは子どもにとって、日本語としてではなく、言語のリズムとしてうけとられる。この段階では、赤ん坊と母親とのあいだに、国民としての教育ではなく、日本人としての教育でもなく、人間の人間としての教育があらわれる。自分が口でものを言う前に、言語の構造はつかまれており、この年齢には日本語という特別の言語としてではなく、ましてや日本国家の公用語としての日本語ではなく、人間の使う言語の根本の特徴としてとらえられる。その上に、人間関係である。それは、ねそべっている小さなものとしての赤ん坊にたいして、その世話をする大きいものとしての母親(あるいは母親がわりの誰か)との関係であって、自分が自分としてとらえられる前の、自分にとっての最初の人間としての母あるいは代母がある。このように、母親は、子どもにとって自分の内部に植えつけられたより深い自分であり、自分以上の自分である。この自分の内部の自分(母親)と、あとから他人たちとのかかわりをとおして自覚される自分自身とのあいだに、対立がおこると、それは生涯にわたる荷物になってゆく。

教育はまず、自分の出現以前の無防備の自分の内部から入ってくる母親が(あとからできる)自分自身にたいしてもつ関係である。

鳥山敏子は、母親のあたえた傷は、生涯なおらないほど深く、いやすのに、二代三代かかるという。彼女の学校(「賢治の学校」)の風景をテレビで見ていて、傷をもつ子どもたちとふれあう彼女の学校をつづけるなかで得た実感のうらうちのある言葉と思った。

この教育論を書いている私自身の話をしよう。私の中に植えこまれた自分は、私の中の良心として住みついて、私の行動の自由をさまたげた。これにたいして、反抗することが、ものごころついてからの私の日常であり、あけがた近くおきて、菓子を食べていると、母がやってきて、声涙ともにくだる教訓があり、悪い子だから御先祖様にすまない、あなたを殺して私も死にますということになった。偽善的な母親なら、それは一蹴できるのだが、私の母はそういう人ではなく、まったき正義の人なので、恐怖した。自由を求めての活動と私の内面にひそむ良心(実は母親)の格闘で苦労した。小学校に入ってからも、心ここにあらず、この格闘が私の生活を占領しつづけた。朝早く弁当をもって家を出て映画館の開くのを待ち、そこで弁当を食べて、日暮れに家にもどった。その金は、売店から万引きしたものを転売してつくり、門の下の土をほって私用の銀行にしておき、必要におうじて使った。店でものを盗むことの手腕を自慢したくなって、同級生の前で、駅の売店からカルミン一個をとってみせ、数日後に受け持ちの教師に密告された。それからは、休み時間は苦痛だった。ことに昼食後の一時間、ひとりで校庭に立っているのは苦しかった。うわさはひろがり、上級生数人が、私を呼びだし、リンチにかけようとした。私は、自分が盗みをはたらいたことを述べ、しかしこの上級生たち(五年生、私は三年生)にあやまりはしなかった。雲行きがあやしくなったが、彼らは、はなれたところに、級長(あるいは自治会委員だったか)のしるしをつけている三年生がじっと立って、この場を見ているのに気がついて、散っていった。名前を記せば、この同級生は永井道雄だった。彼は、私のような劣等生ではなく、不良少年でもなかったが、そういう配慮をもってつねに私に対してくれた。

それでも私の非行はやまず、三度学校からほうりだされて、一五歳でアメリカにおくられるまで逸脱はつづいた。

アメリカにいるあいだに、日米戦争がはじまり、一九四二年六月にそこをたって日本にもどり、海軍に入って、バタヴィア在勤海軍武官府に配属された。そのあとの三年間は、私にとって、まったくの孤立状態だった。私は内面の言語が英語になっており、この戦争は負けるとかたく信じ、日本の戦争目的の正しさをも信じてはいなかった。しかし同年輩の青年が死を覚悟しているのにたいして自分をはずかしく思い、自分の思うところをかくさず仲間たちに言ってしまいたかった。そのときに、自分を支えたのは、小学生のころ、悪人として校庭にひとり立っていたときの記憶である。子どもの悪人はたったひとりで、家庭と学校と社会からの正義の攻撃にさらされる。私の場合、エホバの怒りに対して立つアダムの立場から人生がはじまった。世界には悪人が多く、悪人の連帯が可能だなどということを子どもは思いつかない。

自分の傷ついた部分に根ざす能力が、追いつめられた状況で力をあらわす。自覚された自分の弱み(ヴァルネラビリティー vulnerability)にうらうちされた力が、自分にとってたよりにできるものである。正しさの上に正しさをつみあげるという仕方で、ひとはどのように成長できるだろうか。生まれてから育ってくるあいだに、自分のうけた傷、自分のおかしたまちがいが、私にとってはこれまで自分の道をきりひらく力になってきた。こう考えると、はねのけようとしてはねのけられずに自分の内部に住みついた母親(故人)が、私に教育をさずけつづけ、生涯かかって、その母親との格闘が、自分が力をくみとる泉となってきたことに気づく。

三　まちがいの手本としての教師

一四歳のころ、私は三度目に学校をほうりだされて、おれの人生はまっくらだと感じていた。かつての同級生は中学三年生に進級し、私は中学二年修了の無籍者である。子どものころから母親にふきこまれてきた、自分は悪人だという意識がいつも自分の中にあった。祖先のかち得た地位によってかろうじてくらしてゆくことのできる、実は廃人。

三つの学校にかよったが、そのどこでも私は成績がかんばしくなかった。自分が理由なく教師につきかかっていったためであるが、学校からはわずかしかまなばなかった。そのことと考えあわせて、今の日本に登校拒否の数が多いこと、高校中退者が多いことを私は自分とひきくらべて非難することはできない。今の小学校・中学校・高校の教師にくらべて、昔の教師はよかったと昔の学校を美化する動機は私の内部にはない。

一九四五年直後の教師たちにくらべて今の教師たちは、自分たちを生徒の模範にしていることを気味わるく感じていないらしい。そのことが私には不思議だ。一九四五年九月以降しばらくのあいだ教師たちは、小、中、高、そして大のいずれにおいても、自分たちのまちがいを背に負うていた。まちがいが彼らの光背となっていた。その期間には、自分たちを、まちがいのない手本として生徒に対することができなかった。ここに、現在の教師たちにも通じるもうひとつの教育の道がある。

教師が子どもを五段階評価によって選別する機械になっていることにうたがいをもつ教師が現代(ゆたかなくらしの時代に入った一九六〇年ころから一九九九年現在)にもいた。その教師たちが不安を、谷川雁にうったえたところ、彼は、自分がいま小学校・中学校の教師だったとしたら、こうするだろうとこたえた。

ぼくは文部省の番人だ。だからきみたちに五段階で点をつける。それは、ぼくが文部省の番人であるからだけではなくて、給料をもらってぼく自身のくらしをたて、家族をやしなわなくてはならないからだ。しかしここで勉強をしているきみたちを、その何パーセントが五で、何パーセントが一だと成績でわけるなんて、教育とは言えない。そのことはわかっている。誰々君は、今学期は、友だちとよくあそび仲よくしたね。五をあげます。何々君は前学期にくらべて算術をよくやったね。だから算術は五だ。しかし友だちとはあまりつきあわなかったね。そこでは三だ。こういうふうにそれぞれの個人の発達を見て、点をつけるのが教育ではないだろうか。

やがてぼくにも定年がくる。そうしたら、遊びに来てくれ。そこから、もっとましな教育がはじまる。そのように、ながい目でぼくを見てくれ。

そういう身ぶりをもつ教師は、江戸時代にもいただろう。明治にも、大正にもいた。昭和の戦前にもいた。戦中にもあるいは。そしてゆたかさのなかで教育の退廃の説かれる今日にも。

会津八一が、やがて戦争に出てゆく早稲田大学のゼミの学生をつれて奈良にゆき、そこで学生たちを見ている写真がのこっている。このようなまなざしをもって、軍国主義の最盛期にも、小学生、中学生、高校生に対していた教師が会津の他にも何人かいただろう。学校の門の前に立って、登校してくる学生の髪型と服装を検査する役を課せられたとき、高校教師白鳥邦夫はその番にあたったときには、早朝、門の前に立ち、登校してくる生徒たちひとりひとりの眼を見つめて、おはようと言ったそうである。さすがに、頭髪の長さをしらべ、スカートの長さをしらべないから、それも校則違反だと職員会議で非難されることはなく、戦後好景気下の全体主義には、大東亜戦争下の全体主義と紙一重のちがいはあった。その紙一重のちがいを、戦時ともかわらないと言いたてる考え方のほうに、私は戦時とかわらぬ全体主義のスタイルを感じる。その紙一重の差を大切にしたい。

白鳥は高校の社会科で、おばあさんの生涯に取材してくるように生徒にたのみ、日本社会についての授業を、生徒たちの祖母と自分と生徒をふくむ、ひろい年齢の幅をもって進めた。教師の器量が、教育の質をつくる。制度がかわってこそ完全な教育ができるという期待は、制度をかえることに成功したあとでその制度をむしばむ。そればかりか、制度をかえる運動そのものをも改革運動の最中からむしばむ力となる。

生徒のほうから学校を見ると、よい幼稚園に入ってよい小学校、よい中学校、よい中学校に入ってよい高校、よい高校からよい大学という、試験につよいよい子どもをつくるには、あたえられた問題に正しい答をすぐにそこで出さなくてはならず、その正しいただひとつの答は目の前の教師がもっているので、もっとも短い時間に教師の心中に達する学者犬の反射が、小、中、高と一二年にわたって植えつけられる。ひとつの問題にたいしてひとつの正しい答があるという想定はうたがわしいし、そのただひとつの答を、教師はいかにして所有しているのかを追求するときりがない。

自分で問題をつくるという作業は、受験本位の学校教育では、出番がない。それは、受験戦争の能率本位の軌道からそれる道草と見られる。まちがいとされる答の中にひそんでいるゆたかな想像の芽への洞察もまた、教師の心中にあらわれてきそうもない。

きまった答を出すことを学問と考え、自分は学問ができるという自信をもって大学に入ってくる生徒に、大学は、その態度をうちくだいて、自分で問題をつくる方向にむけて馬首をたてなおすことができるだろうか。大学教授もまた、ゆたかな社会の中のそれなりに激烈な受験戦争に勝ちぬいた人たちであり、自らの問題と模範解答を海外のもっとも新しく正しい学問の書物からうつしてきている。すでに、小、中、高でつくられた勉強のイガタは、大学でもこわされることはない。

四　家庭と社会での教育

受験戦争は、仲間を必要とする。家庭が、全員一丸となって受験戦争に協力し、母親が夜食をつくってやったり、受験生の日常生活上の必要をまかなうことで、生徒は、自分なりの社会生活からとおざけられる。登校拒否をして学校からそれる子どもは早くから社会に交わるし、首尾よく大学に入ったものはアルバイトをとおして社会に関わるが、大学を卒業して企業に入ってからは、会社の長時間にわたる仕事への参加によって、家庭ですごすのにわずかの時間しかさきえず、妻子との対話のこつを失って、定年後に家庭にもどってからも、日常の対話のこつを回復できない。近所とのつきあいも年よりになってからではむずかしい。しかも、平均寿命がのびて、定年以後のながい年月が待っている。その時間を、家庭でどうすごすか。隣近所でどうすごすか。

全生涯にわたって家庭と社会とは、教育の場としてどのような役割をはたすのか。

一九六〇年代に、東京をのぞく六大都市調査を同志社大学の仲間でおこなったことがある。そのときのアンケート調査のシルエットを見ると、老年の夫の希望は、妻とはなすことであるが、妻は夫とよりも子どもとはなすことを望み、子どもは母親よりも同年輩の友だちとはなすことを望むという、くいちがいを示していた。このくいちがいのサイクルは子どもの生涯をとおしてさらに未来にうけつがれる。

雑誌『母の友』がながいあいだ、夫婦の対話の記録を連載していた。その中に、柏戸(もと横綱)夫婦が出ていた。

妻は夫に、あなたが私からまなんだことはあるか、とたずねた。

ない、と夫はこたえる。

昔、天竜たちの革新相撲に参加したために、帰参後は老いていて前頭に終わったが、今も私のまぶたにのこる元気な力士がいる。その妻が、柏戸夫人の母である。夫人は柏戸のところへとつぐときにその母から、夫が親方になったら、自分はけいこ場に出てはいけない、部屋をへだてて、けいこ場の空気を感じとれという、味わいのある助言をうけたという。この記録を読んでも夫との話のやりとりは、機知に富んでいた。

しかし夫の柏戸は、ゆたかな家に苦労しらずで育って体力と人のよさとが身上で横綱になっていたから、親方となっても、思いこみが観察をさまたげているので、妻の知恵をさとることがない。その故にこの夫婦の対話記録は、かえって読みごたえのあるものとなった。

妻の知恵を見逃す夫は多く、認められなくても平然としている妻がいれば、定年後も家は安泰だろうが、現代ではそうはゆかなくなった。おなじ相撲の親方の家庭でも、親方夫人が弟子のあつかいに口をさしはさんで、部屋ぐるみのもめごとになった例にことかかない。

行く先には、もうろくがひかえている。そのとき、家族のひとりのもうろくに、他のメンバーがどう対するか。それが、家庭内での人間の教育として役割を発揮するかどうか。

もうろくしている人をどのくらい再教育できるかという問題もあるが、それよりも、まだもうろくしていないと信じるものが、すでにもうろくしている人の中に自分の未来を読む自己教育のプログラムのほうが大切である。もうろくの次に死。

野坂昭如は、自分が病院の外で死ぬことが尊厳死であると言い、子どもに死に顔を見せるのが一番大事な教育であると言う。これなら、東京のような大都会にいても、誰でも心がけることのできる自己教育の目標である。

東京でなくとも、大都会の中では、学校にいても、会社にいても、家庭にいても、社会が見えにくくなっている。チッソの会社にとって、組合ぐるみ、外の社会の犠牲者の顔が見えなかったし、見えはじめてからも集団の意志を行使して、ながく、目をそらしつづけた。

小さい町、村、小さい島では、都会よりも、全社会をちいさいときから見わたすことができる。

今井美沙子は、長崎県五島に生まれて、小学校、中学校、高校をそこで終え、大阪に出て就職した。

大阪で家庭をもってくらしてゆくようになってからも、自分のくらしをはかる尺度は五島のくらしにあり、五島について書いた著作は一〇冊以上、五島の外の出来事について書く場合にも、五島との対照が著者独特のまなざしをつくった。

思えば、私は五島列島にいた幼少の頃より大人の話をきくのが好きであった。子どもの頃、身体が弱かったので、冬になると風邪を引き、綿入れのはんてんを着せてもらって、火鉢の傍らで、大人の話を聞きながら、ひとり千代紙を折ったり、おはじきをはじいて遊んでいた。きわどい話になると、お客さんが気をつかい、

「美沙ちゃんが……」

と私の父母にいうのであったが、母は、

「なんの。こん子はわからんとたい。ほら、無邪気におはじきして遊んじょる」

と油断するのだった。

しかし、私は何でもきいて知っていた。

私の「耳日記」の原点はさかのぼれば幼少の頃の生家にあるのだ。

私の生家は人の出入りの多い家であった。家族七人なのにいつも十人以上でご飯を食べていた。

晩御飯が終わると、飲めや歌えの宴がはじまった。

そうして騒いで、やがてみんなが疲れてふとんに入る頃、

「人間ち、よかもんじゃねえ、こげんして飲めて、歌えて、踊れて……」

「生きちょるっち、よかもんじゃねえ、こげんして飲めて、歌えて、踊れて……」

と口々にいい合っていた。それは毎夜のことであった。

私は「人間ちよかもんじゃねえ」、「生きちょるっちよかもんじゃねえ」ということばを子守歌代わりに眠りにつくのだった。

私の育った昭和二十年代、三十年代の五島列島はまだ豊かではなかった。決して恵まれた人たちの集まりではなかったのに、それでも、人間を、人生を肯定して生きているのだった。

私は人間が好きである。

人間はこっけいでいとしい存在だと思う。本書に収めた「耳日記」の多くには、こっけいでいとしい人たちが登場する。(1)

『耳日記』は著者の子どものころの五島の思い出を書いた本ではなく(それも少しあるが)、現在の大阪で日常出会うことを、五島の思い出をとおして濾過して、書きとどめた記録である。横綱柏戸の耳にとりつけられた、女からはまなぶことがないという濾過器ではなくて、別の濾過器が今井美沙子にはとりつけられていて、彼女が大阪に移ってからの三十余年はたらきつづけている。辺境の島が大都会にのみこまれてしまうのではなく、彼女の観察の中では、辺境の島の中に本土の大都会がとりこまれる。そこに、ゆらぐことのない、日本の現代への批判の視座が成立する。三〇年近くこの人の仕事を読みつづけて、私は、たよりがいのあることを感じる。

五 進歩について

個人の一生にそうて考えてきた。人類の歴史についても、その出現から消滅までを心において、教育にむかうほうがいい。

人類の無限進歩というような、ヨーロッパでは一八世紀以来、日本では明治以来の前提によりかかって、小学校、中学校の教育をすすめることは、やめるほうがいい。

市井三郎は、『歴史の進歩とはなにか』で、現代の通念を分析する。(2)科学と技術の世界では、そこで言い出された仮説は、誰でもがおなじ実験条件をととのえてたしかめることができる。そのまちがいをあきらかにすることもできる。その故に、科学と技術の領域では進歩はありうる。

しかし、この科学と技術を使って、何かを社会の中で実行するとすれば、その結果は、前の時代よりも不幸をもたらすことがある。科学と技術を社会に応用することは、科学と技術の領域での進歩そのままの進歩をもたらすとはかぎらない。

両者の混同は、科学的社会主義と名のったマルクス主義に混乱をひきおこした。科学上の仮説でかなりたしかなものと考えられる理論を応用してなされる社会上の実践は、その実践そのものの形とそのもたらす結果を見て、理論とは別に評価されなくてはならない。政治集団の中で権力をにぎる少数の委員が、これが科学的状況把握だとしてくりだす指令は、科学の進歩の歴史とは別に倫理の尺度によって評価される必要がある。その倫理上の尺度は、ここでふたたび市井三郎をひくならば、当人が責めを負わなければならないものでないのに負わされる苦しみと痛みをやわらげる方向にむかうということである。

もともとは理論上の区別として提案されたこの進歩の概念の分析は、ソヴィエト・ロシアの歴史を見るときに、物事をはっきりと見る助けになる。ソヴィエト・ロシアだけでなく、アメリカ合衆国の政策の方向を見さだめるときにも、役にたつ。ソヴィエト・ロシアのおこなった大量の政治的粛清、アメリカ合衆国のおこなった原爆投下についての両国政府の正当化は、いずれも、科学の進歩を背景として(ソヴィエトの場合は社会科学、アメリカ合衆国の場合は自然科学)、科学理論Ⓐとそれを応用する社会的実践Ⓑをともに、「文明の進歩」の名前でくくってしまう行為だった。

これらのことがらを、科学の進歩としてひとくくりにしてすりかえてしまう考え方から、敗戦後の日本国の教育は、左も右も、自由ではなかった。

天皇制のしめつけがゆるくなって、考古学者の発掘が、現王朝より前にさまざまの勢力の支配の歴史があったことをたしかめた。天壌無窮という観念が日本国民の共通のものにならなければならないという日本史の見方は、今でもときどき暴力をともなって言論をおびやかすが、その通念を政府および軍部(つまり自衛隊)が敗戦前とおなじく暴力と法的規制をもって支援するという状態はまだ見えない。(一九九九年八月一四日追記。見えはじめてきた。)しかし日本文化がそのはじまりから固有かつ単一の形で今日までつづいているという考え方は、今もひろくおこなわれており、そうではない側面を見わけるにはまだ年月がかかりそうである。固有唯一の文化という考えをよりどころとして、今よりもつよい国家の統制をつくろうという動きはのこっている。この動きが、不景気とともにつよくなる可能性を考えておかなくてはならない。昭和初期の大恐慌は、「満州は日本の生命線」という侵略への動きをうんだ。戦前、戦中は終わってはいない。

すでに、現王朝より前に日本の文化の歴史があったことを認めるなら、現王朝の後に何が来るかをも考える自由があるはずで、その自由を戦前・戦中にはうばわれてきたことを考えると、教育の現場(家庭・学校・社会)でこの自由を守ることが大切だ。日本国のはじまり以前と、日本国の終わり以後を考える自由を、確保することが大切だ。深沢七郎の「風流夢譚《ふうりゅうむたん》」が未だに出版されないことを見ても、言論の自由はまだこの国にはない。

人類の誕生とその破滅をはっきり目の前におくことが、日本国が昔からこのようにありこれからもこのようにあるという考え方を、かえてゆくだろう。靖国神社を国定のものにするか、どうかについても、人類の消滅というところに身をおいて考えることが新しい入り口となる。

人間性が、こわれてゆく例が出てくる。人間性どころか、動物が本能と学習によって得てゆく生きる力、動物性そのものがこわれてゆく場合もあるだろう。そういう例を見すえ、それがふえてゆき、人類が衰亡してゆく中で、おたがいを支えあい、不幸をふせぐ道を考えることが、進歩を自明のものとする社会主義よりも、社会主義の本格の道ではないのか。

そういう考え方が、家庭に出てきても、教室に出てきても、排除することのない場所を用意したい。安楽死と自殺は、もうろくとともに、子どもをふくめて人が早くから考えておかなくてはならない問題である。そこにただひとつの正しい答を親あるいは教師あるいは政府があたえるようであっては、根拠のない命令に服従させるだけになってしまう。

二十数年前、アマゾンの山中に飛行機がおちて、搭乗者は死者と生者にわかれた。生きのこった人が、生きつづけて山をおりて人家に達するために、死体の肉を食べてもいいかという問題が生じた。ピアズ・リードは現地に飛び、生存者の聞き書きをとって、次のことをたしかめた。落下当時の生存者の中に、人肉を食べるべきではないと主張して、食べずに死んだものがいた。人肉を食べて生きのこったもののもいた。(3)

私がそこにいたとしたら、どうきめるか。食べていいという考えを言明しただろう。同時に、私は食べることができなかっただろう。胃が受けつけないから、食べることを辞退したと思う。

そういう場面での決断は、倫理の普遍原則からまっすぐに導き出されるものではない。自分自身のその場での私的信念と私的態度が、そこでははたらく。

いま私たちの国の憲法では、国家ぐるみ戦争を放棄している。戦争にくわわらないことが、国法にしたがう道である。もし現憲法を改正して戦争のできる普通の国家になったとしたら、それからは政府のきめた戦争に国民ぐるみ参加するのが国法にしたがう道となる。そのときにはそうするのか。私はそこに、私個人としてのうたがいをもっている。法学者長谷部恭男は、護憲派も改憲派も国家論者でありすぎたという点を批判し、戦争にゆくゆかぬというような自分の人生に深くかかわる判断は個々人がきめることだと言う。

それは、私的信念を、倫理と政治の領域から追いださないという教育論でもある。家庭も学校も会社も、個人の私的信念を軽くみるようであってはいけない。しかし、私的信念を重くみるということは、その私的信念のまちがいの可能性をのこすということである。教師が自分でまちがいのない答をもっているとする教育方針からは、まちがいの危険はあらかじめ、親心をもって、また権威をもって排除される。そのような教育に私たちはこれまでながくならされていて、それを不思議と思わなくなっている。そのために、入学試験にあわせた学校教育制度がとおっている。

次の詩はカトリック信者の書いた作品で、ふつうに私たちがキリスト教の信念と考えているものからそれている。作者はなくなったが、作品のひびきは、私の中にある。(4)

ささやかな露台で
無重力の　碧い　澄み透った
はてのない宇宙が
人類のあたらしい家になる時にも
そのささやかな露台で言わしめたまえ
僕らの内部では　苦悩の燐光が灯《と》もり
死の海藻をかきわけて　一匹の名もない魚《キリスト》が泳ぎまわって
　いるようになしたまえ
けっしてまちがいのないような愛からは
永遠に解きはなちおきたまえ
人々は空で交わりつづけるだろう

重さのない肉体をほそい　獣の爪先《つまさ》きで支えながら
おお　僕らの魂が　咽喉《のど》に苦《に》がい一粒の雨であり
内臓のあいだを滑《すべ》り落ちて消える星にすぎなくとも
(すべてを所有する者となるために
いっそう僕らの経験する矛盾を深からしめたまえ！)

六　「まるごと」と「全体」

まるごと(whole)と全体(total)とを区別して考えたい。

明治のはじめには、手ばやくつよい国家をつくるために、集団として型にはめこむ教育が、小学校だけでなく、中学校、高等学校、大学に必要となった。この場合、教師は集団として養成され、教師用の教科書(マニュアル)をもって、おなじ教科書(これは生徒用)を使って集団としての生徒に対する。授業は規格化され、採点もおなじ規準によってなされる。生徒は、おちこぼれるものを別として均質化される。近代都市に鉄筋コンクリートの高層の建物がたちならぶように、その都市の形と相似た均質化が教育においても進行する。集団としての生徒の数学における、あるいは英語における達成度は、規格によってはかることができるようになり、ここにひとりの生徒がいると、その生徒の位置は、達成度によって同年齢のものの中のこのくらいのものと確定することができる。それは全体(total)の中での位置づけである。

まるごとというのは、そのひとの手も足も、いやその指のひとつひとつ、においをかぎとる力とか、天気をよみとる力とか、皮膚であつさ、さむさ、しめりぐあいをとらえる力とか、からだの各部分と五感に、そしてそのひと特有の記憶のつみかさなりがともにはたらいて、状況ととりくむことを指す。その人のこれまでにうけた傷の記憶が、目前のものごとのうけとりかたを深めたり、ゆがめたり、さけたりすることを含む。

プラトンは、知識の体系をつくったとは言え、今の日本の子どもよりも、先史時代の人に近かったから、においを手がかりとして記憶がたぐりよせられることがわかっていた。二〇世紀の人間としては、シオドーラ・クローバーの書いた『イシ』という伝記は、それまでヨーロッパ・アメリカの白人文明にふれないで生きていた先住アメリカ人イシが、同族が死にたえてから意を決してひとりで白人の前に姿をあらわしたあとで、彼に会った文化人類学者アルフレッド・クローバーと言語学者エドワード・サピアの研究記録をもとにして、書かれた書物である。ここには、クローバー、サピア、クローバー夫人の敬意をとおして、実践的知性の人イシがあらわれる。(5)

科学技術の進歩と、その科学技術の使われ方を混同して、文明と定義し、その文明をそれ以外の仕方で人間が生きる道よりも高いものとみなす考え方への留保をせまる一個の証言である。

イシとクローバーの出会いには、偶然の幸運がはたらいている。イシにはひとりになって生きてゆくために、新しい人たちと出会う個人的必要があった。クローバーの側には、文化人類学の知識のたくわえによって、先住アメリカ人の知恵についての敬意があり、イシと出会ったときにこの個人の並はずれた人がらにおどろくだけの直感があった。両者の出会いには、神機とも言うべきものがはたらいた。幸田露伴が母のない娘に性教育のいとぐちをあたえたときの啐啄《そったく》(卵の中のひなが内側からつつくのと親鳥が外側から卵をわるのとの時の一致)である。それは、娘が近所の子とおなじく、道にゴム製品をひろって風船のようにふくらまして遊んでいるのを禁じて、よく見よ、と言って男女の気配を感じることへの道をひらく、幸田露伴から幸田文へのバトンの受けわたしである。大量生産の時代の教育の退廃を批判したポール・グッドマンの言葉におきかえると、偶発性教育の実現である。偶然性を見てとり、そのきっかけを生かすのは、親にとってむずかしく、教師にとってはさらにむずかしい。ひとりひとりの生命のむかえるその大切なときを、五〇人を受けもつ教師がどうして見わけることができるか、しかし、むずかしいであろうという自覚をもつことは、教師にもできるのではないか。

偶発性のきっかけを見逃してゆく教育にたいして、そういう見逃しをよろこんでうけいれる道もありうる。それは、戦前・戦中においては国民生活の指導者になることを約束する青年団も軍隊も在郷軍人会もなくなった今日では、入学過程で成功する道であり、企業に同化する道である。

加藤典洋は、語り口を重要視する。現在には現在の語り口があるはずだ。現在の語り口で前の時代のことを語りなおし、しかも、仲間内の語り口におわらず、仲間を一歩はなれたところから見ることのできる公共の語り口へふみだすことを、ハンナ・アーレントのアイヒマン報道にふれて、彼はすすめる。迫害されたユダヤ人の歴史を、迫害されたユダヤ人の語り口からはなれた語り口で語りなおすところから、公共性にむかってふみだす方向である。(6)

敗戦後の日本の権力批判の政治運動は、すぐ前の時代に彼ら自身のすすめた軍国主義の運動とよく似た語り口をとった。

戦後の民主主義運動家の語り口は戦中の軍国主義運動の語り口と似ていた。高度成長時代の大学の学生運動家の語り口は、彼らが右翼よりの立場にかわってテレビの評論家となっても、やはり学生運動指導者だったころとおなじく、民衆をしかりつける語り口をかえてはいない。彼らは、学生運動家であったころとおなじく、いまもクローン人間をつくりたい。鉄筋コンクリートで区劃された均質空間へのさけがたいあこがれがある。それは、ながい学校生活をとおして、成績上位でとおしたものの優越感であり、その優越の故に、右であれ、左であれ、どのような立場にたとうと彼らは、指導者の位置にいる資格をもつと信じている。小学校、中学校、高等学校と、ちがう教師につねにすばやく順応し、入学試験にさいして、ただひとつの正しい答をつねに正確に読みとる能力を活用して、手本をかえても、つねにそのすばやい学習によって支配的でありうる身ぶりである。大正デモクラシーから昭和の軍国時代に、美濃部達吉の憲法解釈に習熟して高文(高等文官試験)に合格したものが、おなじ集団ぐるみ、昭和軍国時代にはナチスばりの法学を適用する立場にかわって民衆にのぞんだのだが、それらの語り口は、敗戦をとおっても、高度成長をとおってもかわっているようには私には感じられない。そこには、全体をひきいる教育思想がかわらずに流れており、その思想は、自分まるごとの私的信念と私的態度によってささえられているようには思えない。

子どもは、生物として、愛される。したがって、ひとりの子どもをよく見て、偶発性教育のきっかけをとらえることはむずかしいけれども、できることもある。しかし、老人についてはどうか。老人もまた、それぞれに老いてゆくが、老人にたいして偶発性教育を、若いものが実行することはできるだろうか。せめて老人の我らが、他の老人にたいして偶発性重視の教育方法を採用する余地があるのではないか。

清田一民は、痴呆老人が二人でたのしそうにはなしているときでも、正確に記録すると、それぞれが別のはなしをしているので、まったくとんちんかんで、しかし両者がとてもたのしく言語交際をしていることでボケの治療効果はあがると言う。青年が老人を相手にこのように対することはむずかしい。年齢をひきさげて零歳児なら、老人にたいして、あるいはできるかと思う。

老人同士のつきあいの言語交際は、たとえば狂言にあらわれる。狂言と能とが共同して演じられるのにふさわしい。能は、大いなる死の中に時間をおいて見る一つの文化様式で、この見方になれしたしんでゆくことは、人類の死を見さだめて生きる未来的な教育の道に通じる。能がまじめなひとすじの道をえがくのにたいして、狂言はそのパロディーを演じて逸脱の自由への道をえがく。

「まるごと」と「全体」について、日本の英語教育の歴史から例をあげよう。一四歳の漁師万次郎たちが難破して無人島でくらし、アメリカの船に出会ったとき、英語を知らない万次郎たちはからだの力、心の力をかたむけて、異人に自分たちの状況をつたえ、空腹をうったえた。そのうったえはとどいた。ここにはまずコミュニケーションがあって、それから英語がある。日本人の誰もが、まずコミュニケーションがあって次に日本語をまなんだ。明治から百年余りの学校教育はこの順序を転倒させて、まず英語があってそれから外国人とのコミュニケーションがあり得ると考え、その考えにもとづいての学校での英語教育は百年にわたって失敗した。この百年間、中学校、高等学校、大学の教育は、英語からコミュニケーションに転じる道をつくりださず、この期間に英語は数学とならんで、入学試験でのおとす道具として使われる役を主にになしつづけた。これほどの長期にわたる失敗を、他の国の同時代史に見ることができるだろうか。その失敗の自覚が、敗戦と占領をへても日本にいまだにない。ながいあいだつづいた大きなあやまちをしっかりと見ることはむずかしい。

均質集団としての「全体」から区別される「まるごと」を、宮本常一のつたえる村の生活のひとこまとして見ることができる。ある日子どもがひとり見えなくなった。そのとき村の人たちはあつまって分担をきめることなく、ばらばらに自分の得手の方向に散って子どもをさがした。やがてひとりが近くの山のお寺まで行って子どもをつれてきた。そのおとなは、その子がときどき山のお寺に行って自分ひとりの時間をすごすくせのあることを知っていたのだそうだ。そのさわぎのなかで、まったく働かなかったのは、その村によそものとして移ってきていた知識人だったという。彼には、自分の得手の領域がなかった。村の歴史のこのひとこまでは、村という集団が全体ではなく、まるごととして動いた(7)。

七　生き方と死に方

教育は、連続する過程であり、相互にのりいれをする作業である。教える―教えられる、そだつ―そだてられるは、同時におこり、そして一回でおわるのでなく、その相互作用はつづいていく。

小学校一年生の最初の一時間におこったことを、ある人が晩年まで考えつづけた。算術の時間のはじまりに先生が黒板に白墨でまるを書いた。紙がくばられて、みんながおなじものを書くように言われた。「できた人」ときくと四〇人のほとんどが手をあげたが、ひとり手をあげない子がいた。先生はその子のそばに行ってだまって見ていて、感心していた。その子の仕事が終わるまで待って、「〇〇君はこういうまるを書きました」と言って彼の書いた紙をみんなに見せた。そこには黒のべたぬりの上に白いまるがぬいてあった。

　じっと立って感心していたとき、先生は何を考えていたのだろうと、老人になった昔の一年生は考えた。抽象にはいろいろあるのだな、と数学的に考えたのではないか。ただまるを写せといっても、いろいろな方法があるのだ。自分の中に、自分の出した問題がいくつもの問題にわかれてあらわれ、それらにたいするいくつもの答がこのとき浮かんだのだろう。もしこのとき、「早く早く」「まだできないの」「こんなまるを書いて」「これはまちがい」と先生が言ったらどうだっただろうと。[8]

　現在の学校教育に姿の見えなくなった、まちがいをいかす方法、選択をいかす方法について書いた。そのはてには、まちがいとえらびとがともに姿を没する、もうろくと死がある。その場所で、教育は教育の不可能性と対面し、人間にとっても、個人にとっても、どうしようもなさ(récalcitrance)とむきあう。こわれてゆく生物が石と火と大気のつながりをとりもどし、そこにかえってゆく。そこまでを教育の眼にいれておきたい。

ということは、教育が、その有効な期間のさなかにあってさえも、人間性のきずつきやすさ(ヴァルネラビリティー)と表裏一体のものとして成長を見る眼が必要だということとだいたいおなじ見方となる。くりかえしになるが、正しいことの上に正しいことをつみかさねることによっては、わずかの正しさを実現することさえむずかしい。(9)

おわりに定義をこころみよう。教育は、それぞれの文化の中で生き方をつたえることころみである。それは、あたらしく生まれてくるものにとっては、まえからくらしている仲間をまねることからはじまる。しかし、もっとよく見れば、まねることの基礎に、それを可能にする、自分のはたらきがある。呼吸するというようなことは、他人からならう前からそれぞれの個人にある。もうひとつ。教えようとおとながこころみるときに、相手の失敗、抵抗、逸脱などから、自分の生き方への思いなおしのいとぐちを見つけることがある。それが、教育が連続する過程であるということであり、教える—教えられるという相互的な過程であるということだ。ここではじめの言い方に限定をつけなければならない。教育は生き方をつたえるこころみと書いたが、論証の矛盾なく言いおおせるためには、生き方の中にあるものとして死に方を強引にひっくるめてしまい、死に方をもまなぶことでもあり、くずれてゆく過程でもあると言いたい。

私の言いたいことは、今の日本は学校にとらわれすぎているということ。学校がなくても教育はおこなわれてきたし、これからもおこなわれるだろう。学校の番人である教師自身がそのことを心の底におけば、学校はいくらかは変わる。

Ⅱ　痛みによる定義

一　悪の自覚

痛みによる定義が、観念のはじまりにあり、ながく自分の中にのこるものだろう。そういう定義から書きはじめる。他の人にとって、そういう教育の定義はそれぞれにちがうはずで、それぞれの人が、自分なりの教育の定義をほりおこしてほしい。そのための補助手段として、このおぼえがきを書く。

生まれた子どもは、自分という観念をもっていない。身近に自分と出会う相手を、親しく感じる。その相手がよいとするものをよいとし、悪いとするものを悪いとする習慣の中にとらえられる。私の場合、その相手である母親はきびしい人で、ことごとに、私の動きは悪いとされ、それぞれが毎日の痛みとなった。

小さいときからあった異性への私の関心は、母親から見ればもってのほかのことで、このことだけからも、(自分自身に植えつけられた母親の眼から)私は自分の存在を受け入れることができなかった。この母を私は愛していた。そこから当然に、自分が悪いという観念がうまれた。数々の禁止事項を教えこまれることが教育であり、教育は、私にとって、いやなものだった。

密室の中で母と私が対してきた時間は、私の受けた最初の教育であり、それはまず痛いものであり、いやなものだった。

そこから抜けだしたいという方向は、形を変えて、七七年、私の中に、生きつづけている。教育―反教育というせめぎあいを、今では、私は、ひろい意味での教育ととらえる。「教育」というおなじ言葉を二度ちがう意味でこの小文の中で使うから、この観念そのものが内部矛盾を含むものとなるが。

学齢に達したあと、小学校で私は劣等生であっただけでなく、不良少年でもあり、自分の内部の悪人意識はつよまり、学校教育にすなおにしたがうことはなかった。反教育の立場から自分の打ちこんだことは、学校のよしとしない、講談本、小説本を毎日大量に読むことであり、小学校を休んで映画を見てすごすことであった。犯罪の記事と性に関する記事をひろって読み、警察をむこうにまわしてたたかった鬼熊、警察の眼をのがれて逃亡をつづけた阿部定には彼女との路上での遭遇を想像して恐怖するとともに、事件につよくひきつけられるのを感じた。

当然に私は、おなじ学校の小学生から中学生への推薦からもれて、他の学校の試験を受ける他なく、中学校に進学したものの一年で退校になり、もうひとつ他の中学校への編入試験に受かったが、そこもわずか二学期で退校になり、以後はしばらく学校からの無籍者として、郊外に納屋をかりてひとりでくらした。そのとき、自分で自分のくらしをたてることがいかにむずかしいかを思いしらされ、自己嫌悪をつよめ、自分が社会における悪人であることの自覚を深めた。

自殺未遂を何度かくりかえし、両親は、私の未来にさじをなげた結果、アメリカに送られた。自分の家からはなれて自分をとりもどし、一五歳から一九歳の終わりまで自分の好きなように学問をすることができた。自分の内部の自分(つまり母親の眼)に自発的に自分をしばりつけて学問をすることができるようになった。自分内部の悪人はその時にも自分の内部にいたが、この四年間は、自分のえらんだ道から自分をつきとばして逸らさせるほどの魔力をふるうことはなかった。

一九歳のなかばにおこった日米開戦は、やがて私を留置場につれてゆき、戦争捕虜収容所においた。メリランド州ミード要塞内の収容所で交換船が出るというしらせがあり、それにのって日本にかえるかどうかきかれた。かえると私はこたえた。

どうしてそうこたえたのか、五八年たった今も、よくわからない。私は、日本がすぐに負けると信じていた。日本が負けるときに、負ける側にいたいと感じた。その感情によって決断することは、その時の私の規準によっても今の私の規準によっても合理的推論とは言えない。アメリカの獄中にのこれば戦場に出ることをさけられる。そのことは非戦論者としての私の考え方に論理としては適合するはずだった。日本の国家の命令にしたがいたいという思想は当時の私にはなかった。

交換船がアメリカをはなれ、アフリカに近づくころに私は満二〇歳になり、徴兵検査にまにあうものとして日本につき、第二乙合格と判定され、召集待ちの身分となった。一線地区にいるかぎり、陸軍にとられることはないという知識と、陸軍よりも海軍のほうが文明的だというふたしかな感じから志願して海軍軍属になった。内部の言語が英語になっている私にとって、子どものころからの孤独な悪人の習慣が、自分の助けになった事情は、前章で書いた。同時に、自分が、死を覚悟している同年輩の青年の中で自分の本心をかくして国家に反対する願望を戦争についてもちつづけることをうしろめたく感じ、しかも自分の内部にある反戦思想を口にさえ出さない卑怯な姿勢をみにくく感じていた。それは敗戦後に高い調子で民主主義をとなえることを自分にためらわせ、転向の共同研究をつづけることによって、自分の学問と自分の人生の動機とのあいだにつながりをつくった。私(たち)の転向研究は、転向者を非難する研究ではない。

二　空想の世界

痛みによる定義があるとすれば、それと平行して、痛みからの解放、たのしさ、幸福による定義もあるはずだ。自分とはなれて子どもを見ていると、たのしみによる教育の定義もあるはずだと思う。だが、それは私にとっては、映画をかくれて見るとか、女性についての読みものを読むとか、悪の意識とないまぜになったものとしてあった。

好きな異性にひきつけられることも、自分の空想によって異性との性行為をもつことも、実際に異性と性行為をもつことも、幸福を実現させる過程の一部となりうるはずだが、つよい自己嫌悪が自分の中にそだつとき、自分にとってはそうではなかった。学齢前、小学生、中学生、無籍者としての性体験は、痛みからの解放ではなく、むしろ当然の痛みを期してそれにむかってあえて進む途上にのみ、悪にむかう途上のたのしみをもたらした。それはやがて破滅にむかう、退校と自殺未遂への途上のつかのまの幸福だった。それにしてもそれがつかのまの熱狂的な幸福であったことは否定できない。

家からはなれた期間、私は自分を空想の世界にとじこめた。それは、それ以前のくらしかたにくらべると、破滅途上の幸福だけに自分をとどめる努力に似ていた。留学から戦時軍属としての期間を通じて私は悪人を自分の内部にとじこめ、他人にさらさないことに成功していた。この自己規制は、日本の軍隊にいた時代の終わりをこえて戦後にもながくつづいた。日本の軍隊は、アメリカ以上に私にとって異国であり、ここにいるあいだ私は自分の日本国民に対する恐怖感によって周囲からへだてられていた。私の内部の空想は、森の中にわけいり、その土地の女性とくらすことだった。その脱走を実行すれば、私は日ならずして日本陸軍の憲兵にとらえられ(そこは日本陸軍の支配地域だった)、重営倉ということになり、陸軍から海軍にひきわたされるとしても、脱走の戦争裁判に付されるであろうし、その裁判は、私がアメリカでとらえられたときにかけられた裁判(公聴会)のようにおだやかには終わるまい。

アメリカでの四年をとおして私は自分の内部の性的衝動をかいならす力を得たと思っていた。その自信は戦中もつづいたが、同時に、大学生の頃の「戦争参加は正しくない」という判断を、戦中に自分が観念としてしか守りえていないという自覚は私にとって暗いものだった。私の学問の形はそれを言いあらわす学術語もろともに、アメリカで習ったものにとどまったが、それをもって分析する身辺の状況は、アメリカ社会からは遠く、その状況の中に生きるものとして眼をこらし、その状況の中で判断する作業の中でその二つの過程がかけはなれていることを感じた。それは、私の中での日本語(日常語)と英語(学術語)とが平行線をたどり、その間のみぞが自分自身の力ではうまらないことと対応していた。

一九四五年の敗戦後も、このみぞはながくうまらず、自分の文章が日本語になじむようになるには、敗戦から数年が必要となった。

同時に、自分のおかれた状況の内部から見る、そこからはじめるという流儀は徐々に、戦時の習慣から私の学問の方法として根づくようになった。

三　鬱病と自己教育

子どものころには気がつかなかったが、私は鬱病《うつびょう》もちだった。

私の子どものころ、一九二〇年代、三〇年代には、精神病理学では子どもに鬱病はないとされていた。したがって、母親に精神病院につれてゆかれることはあっても、精神病者としての診断はくだされなかった。

一二歳から一五歳、二九歳から三一歳、三八歳から四〇歳、これまでに三度、鬱病の症状が出ており、しかしそのあと三七年間、その症状は出ていない。

それが表に出ていないあいだにも、自分の底のほうに、おきのようなものがのこっており、それは、このことをすると病気に火がつき燃えひろがって表に出てくるという予期装置である。私が、合理的根拠がなくとも、このことはさけるという判断をするときは、自分の内部のこの予期装置と相談してのことである。

それは自分個人にとっての善悪、というよりも吉凶のうらないである。動物がそれぞれ身につけている気配の感覚で、状況の中で私が生きてゆく力の大切な一部となっている。

鬱病がおこると、日常の行動の統制がとれなくなるので、学校にゆくことができなくなり、学校からはなれる始末となった。男女関係が学校から自分を切りはなしたということもあるが、それだけではなかった。

学校をしくじってアメリカに行くようになったのは、家に資力があったからで、そのことは、ながく私にとって負い目になってきた。戦時中は、むしろ家の保護からはなれていたので(軍隊で自活していたから)、その負い目を感じなかったが、敗戦後は、ふたたびつよく背中にその負担を感じるようになった。二九歳のときに、突然に字が書けなくなり、私は、つとめていた学校からはなれ、うまれた家を出て、自発的に精神病院に入り、鬱病の治療を受けた上で、まったく家とはなれたくらしをつづけるようになった。

三八歳のときの鬱病は、結婚が機縁となり、子どものころからの乱雑な生活からはなれて、自分にあたえる罰として生涯結婚しないで生きようと決めてきたきまりをやぶったということが、それまでとじこめてきた鬱病を誘いだした。

これらの決断が、私の学問をどうかえたかは、私にはまだわからないところが多い。自分が思ったほどに私の仕事はそれ以前とかわっていないだろう。しかし結果として鬱病ととりくむことが、私にとっての自己教育だった。

四　自分らしさをつくり、守る

「インテグリティー」(integrity)という言葉が私の中に住みついている。それを日本語でどういうのかはよくわからないが、自分らしさという言葉に近い。私自身の体験にもどって言うなら、鬱病は、自分がこの自分らしさを裏切ったという事実に気がついたとき、その自覚に対する反動としておきる。

それまではまがりなりにも守ってきた自分の思想上の信条からはずれたと思うときに、この絶望感があらわれる。それは、私個人の体験からはなれて言えば、武士が、武士としてのほこりをうしなったと感じるときが、江戸時代をこえて明治・大正・昭和まで、自己喪失の絶望感の源泉になっていたのだろう。それは、昭和初期のマルクス主義者の、政府の圧力に対する屈伏(転向)にさいしても、おなじような自己喪失の絶望感をひきおこした。

一九三〇年代の日本における転向の自己喪失感を、福島新吾は次のようにとらえる。

ところで革命思想の絶対性と、革命運動、その戦術、その個々の活動家の私行の絶対性は同じものではありえない。しかし政治の論理は貪欲に参加者の献身を求めるから、しばしば、そうした細心な弁別からは目をそらさせようとする力を働かす。その盲目的な献身者が、敵の暴力による打撃と同時に、絶対性への疑いをもつに至ったら、悲劇は深刻である。それは思想に忠実な反省か、暴力にひしがれた屈服の自己弁護かの区別がつきかねるからである。そこで、すなおな判断の変更は行うことができなくなる。そこに許されるのは、非転向の全面肯定か、思想、運動の全面否定かの択一でしかない。それは運動者の大部分を、敗残者の「脱政治化」の状況においやり、少数の「非転向」の「異端者」を社会から隔離して無害化しようとする、天皇制の「思想対策」にちょうど見合っていた。

もともと天皇制は、天皇を絶対的な徳の体現者とし、その支配を利害の対立から超越した、君徳の発露と称したから、国民には、政治関心を求めず、ただ天皇の命に従って、自己の職分を守る、非政治的な態度を求めていた。だからそうした天皇制のありがたみのベールを見破って、敢然と政治闘争に立ち向った共産主義者を、政治の世界から叩き出すことに全力を注いだのである。「転向」が「心の底の深みまで」ズカズカと入りこむ「特高」警察の一切の行動の監視を伴ったのだから、転向者の再起は容易ならざるものだったはずである。その時、いかに屈服し、政治から身を引くことを強いられても、「おれは人間だ」という一点だけはまげないとして、頑強に生き続けることが何人にできただろうか。それは非

転向にあらずんば全面敗北という二分法のワクを、自らの心底で破り得たときにしか可能ではなかったのではあるまいか。(10)

子どものときに私が母からしこまれた細目までの禁止を、子どものころには破るばかりだった。一五歳をこえて母からはなれてくらすようになってからは、教えこまれた道徳上の細目を多くは自分の考えで破棄し、しかし、教えこまれた大わくは自分の中に生かした。その大わくを、私にとっての自分らしさの規準として受けいれることになり、それは、一九三〇年代のアメリカ人にとっても通用するまともさ(ディーセンシー decency)の規準とかさなっており、そのようにしてアメリカ人の徳目と私は折りあいをつけることができた。しかし、それはアメリカ人社会に通用する規準だからアメリカから受けとったものというよりも、自分自身の身の支えとなるもので、私にとっての自分らしさ(インテグリティー)と言ってよかった。私が読んでいた書物、私の交際圏が、ユニテリアンの宗派に属していたので、神はないとしても、ない神を信じるという傾向であり、キリスト教を信じることなく、唯物論、無神論をふくめてのさまざまな流れから、自分のとるものをとりいれて自分なりのまとまりをつくるという仕方で、自分らしさをつくり、それを守る。そのまま、私は日米戦争に入った。

福島新吾のえがいた構図の中で言うと、日本をはなれていたかぎり、私は、自己喪失の絶望感にさいなまれることはなかった。留置場、収容所は、自分のその折衷主義の立場をくずすものではなく、そこでは自分の内面の危機に出会うことはなく、鬱病の発作をおこすこともなかった。交換船で日本にかえってから、殺すことを強制されるという場面にいやおうなく軍隊の中で直面するときになってはじめて、自己喪失の危機と対面した。

私は折衷をそのまま背教と感じるような仲間にこれまで属したことはない。しかし天皇の名のもとに進められている戦争の中で、敵といえども殺したくないという立場は許されないという状況に、戦時の日本国家は、私をおいつめてきた。それはあくまでも外部から私にくわわる力であって、自分内部からの天皇制のしばりではなかった。

私は殺人を強制する場にはおかれなかった。その間、自分の内部では、殺すよりも、自分が死ぬという空想上の訓練をくりかえし、自分自身の思想としては結論は出していたが、その思想が外部にひきだされて砥石にかけられる場面には出会わなかった。それから半世紀以上たって、死は、現在、私の前にある。死よりも近く、自分がそこにすでに入っているのは、もうろくである。

もうろくの中で自分らしさ(インテグリティー)をたもつことができるか。もうろくの中でまともさ(ディーセンシー)はたもてるか。

それは、自分の日常に直面している困難であり、死がこの困難を終わらせることを希望する。それは、日々困難になる自己教育のプログラムを設計し再設計することを必要とし、その果てに死の受けいれの自己教育を最終目標として日常学習をつづけることを必要とする。

五　戦争のあそび

宇宙のことはよくわからないが、私は、この地球の気象の中ではじめて生きることのできる人間のひとりであり、その条件の制約を受けている。

地球史のこの時代の制約を受けてばかりではなく、人間の歴史のこの時代の制約をも受けている。

自分が気づくより深く、同時代の体験が私をつくっており、その外にはみだしにくい。そのはみだしにくいという自分の特色を自分では十分にはとらえにくい。

しかし、わかることだけを書いてゆくとすると。

まず、軍歌が深く私の中に入っている。一九〇五年に終わった日露戦争は、一九二二年うまれの私にとって同時代に共通の記憶だった。うまれた時のことはおぼえていないが、三歳から五歳くらいまで、日露戦争の一場面を演じるのが、あそびになっていた。敵というものの姿はこの場面には見えず、弾丸が雨あられとふるなかに戦友とともにたたかって、しまいには倒れるというすじがきで、死ぬときは、天皇陛下万歳と叫んだのではないか。陸戦の場面では橘中佐、海戦の場面では広瀬中佐に自分を擬していた。

勇敢ということが、自分の規範だった。部下とか上官とかいうものの概念もなくて、そこにいるみなが橘中佐の仲間、あるいは広瀬中佐の仲間だった。

この空気は小学校にももちこされており、だからこそ、小学生の共有する同時代の記憶だった。

「水雷艦長」というあそびがあった。一年生から六年生までの男子生徒のするもので、昼休みの時間にとくに白熱した。一年生から六年生まで、二四組のゲームが狭い校庭で同時進行していたわけで、よくもおたがいの組を見わけられたと小学生の動物的仲間認識の力に今さらながらおどろくのだが。

校長先生が朝のあいさつで、

「みなさんの遊びを見ていると、戦争のあそびが多い」

と注意されたことがある。すでに張作霖爆殺から数年、満州事変も進んでいるときであり、校長先生のあいさつは今から思うとはっきりと時流に抗しての言葉だった。

張作霖爆殺は、一九二八年六月四日におこった。中国東北を事実上支配する張作霖は、列車を爆破されて死亡した。

号外が出た。私は、満五歳の終わりに近かったが、文字がいくらかわかり、その号外をめぐって、私のまわりの大人が、これは日本人がしたことだと言うのをきいた。

このときはじめて、日本人というものが恐いことをしたのを知り、張作霖という人がだまされて日本人に殺されたということを知った。

それから二年後、私は当時「満州」と呼ばれていた中国東北につれていってもらい、大連で自分ののっていた自動車が銃剣をもった中国人兵士にかこまれて、検問されるのにあった。中国人兵士は、敵意をもっていた。そのまなざしは、日本人に父を殺された張学良(その当時の中国東北を支配していた)の敵意あるまなざしと八歳の私には感じられた。

小学校では依然として「水雷艦長」の遊びをやめなかったが、それをたしなめた校長佐々木秀一先生は、この時代の日本国家の動きをあやういものと感じていた。

私たちの「水雷艦長」には二五年前の日露戦争の広瀬中佐や橘中佐が生きて動いていた。そのころの子どもの遊びの流行時間の長さが、今と対照して思い出される。

この遊びでは、艦長はひとり、だいたい級長クラスのものがなって、運動帽をまともにひさしを前にかぶり、水雷は三人くらいで、帽子のひさしをうしろにし、駆逐はあと全員で帽子のひさしを横むきにかぶる。駆逐は水雷と接すれば捕虜とし、水雷が艦長に接触すれば水雷側の勝利となって、その遊びの全体が終わる。捕虜は陸地につながれ、誰か味方が敵陣をかいくぐって捕虜に手をふれれば、捕虜は釈放されてふたたび味方の戦力となって活動する。

雨の日には運動場に出られないから教室の外の廊下でハンケチおとし、グー・チョキ・パーをした。そのグー・チョキ・パーが、一九四二年に私が日本にかえったときには、全身を使って遊ぶ形にかわっていて、役割も、「軍艦、ハワイ、ベティーさん」となっていた。一九四一年の日米戦争のはじまり、ハワイ真珠湾攻撃を模したもので、この三六年たって、広瀬中佐と橘中佐の影は去り、連合艦隊司令長官山本五十六大将と九軍神が、子どもたちの演じる英雄となった。この人たちも、一九四五年の日本敗戦とともに子どもの世界から姿を消した。

零歳から一五歳まで、日露戦争の余韻の中にくらしていた。五歳以後は張作霖爆殺から、中国人が姿をあらわし、日本国家は、彼らを理由なく苦しめつづけているという考え方が、私の中ではつよくなって、やがて、日本国は、よくないものという考え方が私の中でははっきりしてきた。一五歳でアメリカにわたったときには、普通のアメリカ人の中国と日本に対する善悪の見方は、そのままもとからの私の見方だった。

フランツ・ノイマンの『現代史』(上・下、岩波書店、一九五六年、曾村保信訳)は、一九三一年の満州事変を、第二次世界大戦のはじまりと考える。張作霖爆殺(一九二八年)、満州事変(一九三一年)、満州国成立(一九三二年)の一連の事件が、その方法をヨーロッパに移して、ドイツのヒットラーによるオーストリア併合(一九三八年)以後の傀儡政権樹立の方法の示唆となり、その後のドイツの拡張と侵略への道をひらいたとしている。

私の幼いころに自分の中にそだった明治国家への美化が、一九二八年以後にゆっくりと日本国への不信にかわってから、この世界観の前提は、今日まで自分の中につづいている。

Ⅲ　教育と反教育

一　アメリカで受けた教育

自殺未遂から意識をとりもどしたときに、熊野清樹牧師がそばにいた。キリスト教の影響を受けたかどうか私にはわからない。洗礼を受けてキリスト教徒とはならなかった。しかし、どうしようともない自分のそばに、熊野牧師が立っていた事実は、私に影響をあたえた。キリスト教の門内に入らなかったとしても、その人の力は、私の中にはたらいた。

この時期に、私は、母親の権威にひとりでさらされなかった。姉が、母と私とのあいだにくりかえしわって入って、母の責めるのをやわらげたという幸運があった。

一五歳の私は、自分の中の不均衡を統御できないでいた。

家からはなれたために、自分で一日をかたちづくってゆかなくてはならなくなり、そうなると、自分でバランスをたもつことができるようになった。

それから六〇年以上たった今では、私は、自分の初期の滅亡すれすれの記憶から自分の学問をつむいでゆくことを、自分の方法としているが、一五歳のころは、それまでの習慣をたちきることが、自分の未来だと考えた。そのため、学問を、あたえられた規則によって自分をつくりなおす道筋として受けとった。これは、今の自分の規準から考えると、自分の学問の理想から大きくそれる。いったんそれた道を、もう一度、はじめのみじめな失敗の記憶とのつながりにもどすのは、もう一度、自分の骨折をしいる、むずかしい仕事だった。

ともかく、日本語から英語にかわって、あたらしく出直すときに、すぐれた導きを得たことは、幸運だった。

全体主義がヨーロッパにおこって、ドイツ、イタリア、ポーランドなどから、学者・作家・政治家が追われてアメリカに来た。その亡命と移動が、一九三七年からアメリカにいた私に、数多くのすぐれた教師をもたらした。そのことがどれほどの教育を私にあたえたかは、私個人の状況とは別に、一九三〇年代から四〇年代にかけてのヨーロッパ史の状況によるものである。

それとは別に、はじめは英語の講義がまったくわからなくて往生した。小学校からやりなおさなくてはいけないと思ったほどだった。私の保護者をつとめてくれた人(A・M・シュレジンガー)に最初の休日に申し出たところ、自分には外国語のことはわからないから、と言って、息子の友だちでよくできる評判の大学院生を呼んできた。前年に一度、紹介されたことのある都留重人だった。

英語を道具として使うようになればいい。そのためには、小学校から入りなおすなどということはしないほうがいい。そうすると、大学に入るのが、これから何年もおくれることになる。

というのが、都留さんの趣旨で、今いる皆寄宿制の学校(ミドルセックス校)に一年在籍して来年六月にハーヴァードの入学試験を受けろということだった。

相談を終えて、都留さんがかえったあと、主人の教授は、

「日本人に、あんなにできる人がいるではないか」

と私に言った。私は、押しきられた。ものすごくつらい三カ月がすぎると、インフルエンザにかかって四〇度以上の高熱を出して付属病院に入院し、教室にもどると、英

語が耳に入るようになっていた。あくる年の入学試験にまにあった。

そのときすでに助手になっていた都留さんに、アメリカをはなれるまで、私は何度も会うことになり、大学で講義をきいた教授たちよりも、大きい影響を受けた。

都留さんは、経済学者なので、私は、何を学んだかと言われると、返答に困る。経済学ではない。学問に対する態度と言ってよい。都留さんは、はじめに生物学、心理学、哲学、というふうに、ちがう学部をとおって、ハーヴァード大学経済学部に編入したので、話をする学生仲間がひろく、ちがう学部の院生と教授から信頼されていた。

私が哲学科をえらぶことには批判的で、哲学というのは、はっきりとした問題ととりくむなかで、方法上の工夫をかさねる、そこから生まれてくるのがいい、と言っていた。この考え方は、哲学科に入ったにもかかわらず、私にとっては六〇年後の今日まで導きの糸となっている。はっきりとした問題ととりくむときの、方法の吟味が哲学だというとらえ方だ。

哲学科に入った一年生のときから、プラグマティズムと論理実証主義に、ヨーロッパからの亡命教授をとおしてふれたということとあいまって、哲学を問題の発見ととりくみから切りはなして学説史としてとらえることがなかったのは、この助言による。哲学科に入るのなら、アメリカに来たことだし、プラグマティズムを勉強するのがいいということで、ウィリアム・ジェイムズの『プラグマティズム』にあるリスの話を都留さんからきいた。

ピクニックに行ってしばらく散歩して帰ってくると、仲間で議論がおきている。リスがこの木のむこうにいる。自分がリスを見ようとしてまわると、リスもおなじようにまわるので、自分はリスを見ることはできない。これでは、リスのまわりを、まわっていると言えるのか。

賛否両論にわかれて、もどってきたジェイムズの意見をきいた。ジェイムズは、「まわる」という言葉が、リスの前にいて、右にいてうしろにいて、左にいて、前にくる、という意味なら、この人はリスをまわったとは言えない。しかし、リスの東にいて、南にいて、西にいて、北にいて、さらに東に来るという意味なら、この人は、リスのまわりをまわったと言える、という。

「まわる」という概念を二つにくだいて、答になる二つの命題を区別したというわけだ。

こういう簡単な紹介が、一年生のときから、パース、ジェイムズ、ミード、さらにモリス、カルナップ、クワインへと読みすすむ私にとって、最初の手びきとなった。それだけでなく、この概念ととらえ方は、どんな学問に対しても、私には有効な方法だった。

倫理という問題についても、人間の今直面している悪の形をしっかりととらえて、それとどうとりくむかを考えてゆけば、正義と善の原則からはじめて、個別命題の当否を問うよりも、はるかに有効な道がもたらされるのではないか、というのが都留さんの考えだった。都留さんはそのとき、貧困、飢え、失業ということを心においていたのだろうが、私の中では、この道は、別ののび方をした。何年もたって、私は急に、東京工業大学で倫理学という講座をもたされそうになったとき、それならば、ペーター・キュルテン(デュッセルドルフの殺人鬼)の調書を素材として講義をしようと思いついた。ただしこの講座を私は引きうけないですんだ。だが、この実現しなかった講座もまた、一七歳のときの都留さんの示唆の線上にあるものだった。

ハーヴァード大学には、私が入ったときには学部に日本人は二人。一人が卒業して日本にもどると、一九四〇年には、学部には私一人になった。そのころ、日本の位置づけについて、こんなことを都留さんからきいた。

この大学には何百もの講義の目録があるが、極東学部に日本語がある他には、日本史についての講座はない。明治維新という講座がひとつあってもいいのだが。

そのころのアメリカの大学の講座編成から言えば、夢にも考えられないことだったが、卓見だと思えた。ここには、フランス革命、ロシア革命をモデルとして、日本の近代史を考えるのとは別のモデルを日本の明治維新としてとらえようとする、新しい見方の芽があった。一九四〇年のことである。

経済学を、都留さんからまなぶ機会は私にはなかった。というよりも、そういう知識を受けいれる力が私になかったからであるが。

当時、日本の外務省は、新しく官補になったものを、海外におくる制度をはじめていた。在外研究員としてハーヴァード大学の大学院におくられてきたのが、東郷(当時は本城)文彦で、彼は、私のいるアメリカ人のヤングさんの家に一部屋を借りただけでなく、やがてヤングさん一家がワシントンにひっこしたあと、一週に二度、都留さんと昼食をともにして、食後の座談からまなぶ機会としたいと申しいれた。そのとき、私を同伴したいという条件までこみにして、私に知らせずに約束してしまい、私はただで、都留夫妻から昼飯を供してもらって座談する機会を得た。考えてみると、食事をあたえられて、教えをうけていたわけで、食事つきという法外の教育を受けたことになる。

この時代、一五歳から一九歳までの四年間に都留さんとの接触をとおして、学問に対するまなざしを身につけた。

一九四一年一二月七日(日本では一二月八日)に日米戦争がはじまった。東郷文彦は、他の日本外交官とともにイエロウスプリングズのホテルにあつめられ、ハーヴァードの日本人学生は、大学院・学部をとおして私一人になった。あくる年の一九四二年三月末、私は、自分の屋根裏部屋にふみこまれてFBI(連邦警察)に逮捕された。

私はアメリカの留置場を三カ所(サンペドロ、東ボストン、エリス島)と、メリランド州ミード要塞内の戦争の捕虜収容所の四カ所の監禁をアメリカで経験した。はじめの三カ所では、ドイツ人やイタリア人の間で日本人一人という境遇で、私にとってははじめてだった。途中、簡易裁判にあたる公聴会(ヒアリング)に直面した。

かつて一七歳のときにサンペドロで独房におしこまれたことと、自分の屋根裏部屋にGマンがおしいってきたこととは、私にとっては、おそろしい経験だった。そのことと、留置場・収容所の月日は、新しい眼でアメリカという国を見ることを私に教えた。逮捕と公聴会の判決とを不当だと思ったが、それらを含めて、牢獄から見たアメリカは印象がよかった。殺人犯とおなじ部屋にねおきするというのはめずらしく、毎日つきあってみると、殺人犯は人柄のよいまっとうな人だった。つかまっているものへの待遇は公平であって、デモクラシーの岩床を、自分のかかとで感じることができた。

交換船が出ることをしらされ、それにのって日本にかえるかどうかとたずねられた。ここでも、選択は私の判断にまかせられた。

一九四二年六月一〇日、私は戦争捕虜収容所を出て、エリス島でスウェーデン籍のグリップスホルム号にのった。

収容所の外の社会から直接にこの船にのりこんできた都留重人夫妻に会うと、
「大丈夫だよ。君の名前は今朝のニューヨークタイムズに出ていた」
と言った。その日が、ハーヴァード大学の卒業式で、大学は監獄にいるままの私に学位を授与した。

ハーヴァード大学は、私によい教育をもたらした。しかし、二年半出席したハーヴァード大学と、三カ月いた牢獄とどちらが私にとって、教育として重いか。どちらも重い。両方のくみあわせが、アメリカが私にもたらした教育である。

大学は私に理想と規範とを教えた。監獄は私に、規範の適用が、アメリカの国籍外の人間には例外があることを教え、しかしそういう敵性外人にさえ不当でない待遇をあたえ、そういう場所の囚人の中に知性と善意をもつ人びとがいることを教えた。

二　『思想の科学』の人たち

平時と戦時との区別が教育に入りこんでくる。

私の記憶には、大正時代がのこっており、それが、わずかながら私のおぼえている平時である。大正天皇がなくなって、日の丸の国旗に喪章をつけて、門まで出しに行った。この天皇が脳をわずらっていたことは、ひろく知れわたっていて、三歳・四歳の子どもにも、そのことがわかっていた、というのは平和だったからだろう。戦時だったら、天皇への不敬な言論は口にするさえはばかられ、子どもでもそんなことを言ったら、電車の車掌さんにどなりつけられる。

平時と戦時のあいだに、非常時がわりこんできて、戦争への準備をしなくてはならないという命令が、ゆっくりと子どもまでしめつけるようになった。昭和に入ってから、すぐのことである。

時代の空気の中に教育がある。そのために私などの年齢では、平時が規準になっていて、それによって非常時をうとましく感じ、戦時を異常と感じるが、昭和に入ってそだった日本人にとっては非常時と戦時が規準で、平時は、なまけぐせ、あるいは非国民的、告発されるべきもの、不健康な思想をもつものは牢獄に入れてしまえということになる。

平時の学校教育をアメリカでうけて、それも熱心に身につけた私にとっては、アメリカの牢獄は拘束されたなりに受けいれることができたが、日本にもどってからは毎日はりつめた気分でくらした。戦時の社会でどのように生きていったらいいのか、自分のならいおぼえた原理原則(自然科学とか数学だったらそれほどのちがいはないのだろうが)をどのように自分の内部に保ってゆくのかが、毎日の問題だった。

自分自身の底にある感情にひたして、自分の原理原則を、それに根づかして保つというのが、私の工夫で、それは、敗戦後にふたたび出会った日本の平時に対しても変えることはない。というのは、私の原理原則は、敗戦後五〇年あまりたっても、戦時に対応できるようになっている。

一九四五年の敗戦の年に、雑誌を出す計画をたて、一九四六年の五月に、『思想の科学』創刊号を出し、一九九六年四月の終刊号までつづけた。

敗戦以後は、文章を書くことで自分のくらしをたて、自発的な仕事としては『思想の科学』の編集者として生きた。

一九四九年四月から京都大学人文科学研究所につとめることになり、そのあと東京工業大学、同志社大学と職場をかえて、一九七〇年三月にやめるまで、大学に籍をおいた。

こうして私は雑誌の中からと大学の中からと、二つの職場から日本の社会を見てきた。

『思想の科学』をはじめた同人は七人で、渡辺慧、武谷三男、都留重人、丸山真男、武田清子、鶴見和子、私である。この人たちの戦争中に書かれた何かを、私は読んだことがあり、戦争下の位置のとり方に信頼をもっていた。都留重人には、一九三八年のはじめ私は一五歳のときにアメリカで会った。武田清子にも、一九四一年にアメリカの図書館で会った。おなじ交換船で日本に戦中にもどり、その後武田さんは工場の舎監として戦争中にはたらいた。貝殻にとじこめられた人間像を工場の女性たちがもつという直観はこのころ舎監として彼女が得たものであり、それが人びとの哲学という考え方の一つの源流となった。この人たちとはなし、書いてこられた原稿を編集者として読むことは、私にとって、自己教育の場だった。

敗戦後の数年間は、東大で「党」と言えば、共産党以外の政党を意味することがなかったほど、共産党にくみするものが知識人だというつよい潮流があった。『思想の科学』は、戦時下に軍国主義と一体化しなかった学者のあつまりとしてはじまったので、敗戦後になっても共産党の指令によって論文の掲載不掲載をきめることをしないのが当然であるが、そうもゆかないという考え方が内部から出てきた。このとき、共産党にひきまわされない雑誌があっていいと主張して、この雑誌の多元主義を守ったのは、マルクス主義者武谷三男の編集会議での発言だった。

どうして武谷さんがつよくこう主張したのか、私にはそのときはわからなかった。だいぶあとになって、武谷さんのくわわっていた京都の思想雑誌『世界文化』と隔週タウン誌『土曜日』の創刊一周年記念パーティーの記録映画を、『土曜日』の中心メンバー能勢克男の息子さんが見せたとき、父が家でこの映画をうつすときには、いつもこのレコードをかけていましたと言ってかけたのが、アメリカのジャズだった。一九三六年の実録映画である。ソヴィエト・ロシアの文化観からしても、日本共産党の文化観からしても、アメリカのジャズは、ブルジョワの退廃文化であろう。しかし、『世界文化』と『土曜日』とはすでに戦中の獄中日本共産党の指令とは関係がなく、同人の自治下にあった。一九三二年以後に進んでいたアメリカのニューディール政策に対しても、その可能性に眼をひらいていた。そのことが、記録映画と音楽の組みあわせではっきりと私にわかった。上からの指令から自由であるために、『世界文化』と『土曜日』とは、検察にふみこまれて終刊においこまれるまでの二年ほどの期間に、中井正一の『委員会の論理』その他の記録的な仕事をのこした。戦中のその記憶が、別の若い世代による新しい雑誌の創刊にさいして、武谷三男の中に、はたらいた。

創刊のとき、武谷さんは、編集会議で提案した。同人の一人が、誰かの論文を雑誌にのせるようにすすめたとき、会議の結論としてそれを出さないという結論が出たとして、一度はそれを認めよう。しかし、二度目の会議までに提案者が再考して、これは出そうと再度推すことがあれば、それはとおすことにしよう。国連のように大国の拒否権をみとめないようにしたい。

これは手続きについての提案だが、思想として多元主義を守るという方針の決議で、この雑誌は五〇年その原則を守った。

武谷さんは、議論好きで、長時間にわたって、私と一つのことについて議論することがあった。二三歳の私は、そこから多くをまなんだ。その後、大学に籍をおくようになってからも、そういう経験は私にはあまりない。

ある日、武谷さんの戦前からの友人の家に彼と私とがよばれて夕食をごちそうになった。そこで武谷さんが私に嘘について議論をしかけ、主人役の友人が、

「おい、武谷、お前は子どもに嘘をつけなどと平気に言えるのか」

と茶々を入れると、武谷さんは、

「こんなところでまじめに議論できない」

と言って、外に出て、もう寒い季節だったが、道端で一時間あまり立って議論をつづけたことがある。

武谷三男の主張では、嘘は、権力をもたない人間の武器であり、嘘をついてはいけないと政府が国家教育で子どものときからしめつけると、国家を批判する力をしばってしまう。しかし、権力をもっているものの嘘は、その実害が大きいから、これを明らかにして追及することが必要だ、しかし権力をもたないものが嘘で自分を守ることをうばってはいけない、ということにあった。私は、長い議論の末に、その考え方を

受けいれたが、しかし嘘を武器とするものが、自分の内面で嘘を真と思いこんでしまう危険性に対して、どうけじめをつけるかという問題がのこるということで、かろうじて自分の主張の一部分を守った。

こんなことを書くのは、一〇歳以上も年長の武谷さんがおしまずに議論をしかけて、私の考えをきたえた、その無償の訓練を思いだすからである。

丸山真男にもおなじような訓練をうけた。

ある日、別の用事で会って、ふと、今度の私の出す文集の題を、「日本的思想の可能性」とするとしらせると、丸山さんは、それはいけない、と言う。君が僕におしえてくれたのは、日常的なものの意味ということなんだ。

このとき、すぐれた思想史家は、別の個人の考え方の特色を、当人以上によくとらえる場合があるという感にうたれた。ものごとの日常的な意味が、日常の形をはなれない故にかえって、国家をこえて、外にあらわれ出て行く場合がある。そんなことを私は考えたことがあったにもかかわらず、それを当人が忘れて、「日本的」などというところにもどる。それでは、一九三〇年代の日本への回帰というわだちにもどってしまう。私は、すでに責了に近い文集の出版元まで行って、本の題名をあらため、丸山さんの批判によって題名を変えたことをあとがきに書きいれた。

別のとき、私は、「知識人の戦争責任」という文章を書いた。占領の背にのって、ものを言うことがいやだったので、日本占領が終わって、そのゆりもどしが来たときを先だってとらえたつもりだった。

この文章に対して、丸山真男は、「思想の言葉」というコラムで、私の文章が、共産党だけを批判の外においていることを批判し、政治は結果責任であり、共産党も、戦争反対を有効に組織できなかった責任をまぬかれないことを指摘し、意図の真剣さだけであげつらうなら、戦前の国定教科書にあった「キグチコヘイハシンデモラッパヲハナシマセンデシタ」とおなじになるとのべた。このときも、私は、あざやかにひじを打たれたと感じ、その批判を忘れない。

こんなふうに、編集者は、原稿の依頼と催促の用談のあいまに、雑談の余徳にあう。大学の同僚との会話と一味ちがった仕方で教育される。

同人の中でひとけた若いということがあって、私は編集をひとりで受けもっていた。

そのことが、いやな感じを人にあたえた。私がこの雑誌の編集費を横ながしして、事務員の女性に別の仕事をさせているというスキャンダルが、週刊誌と新聞に出たことがあった。

このとき、創刊当時の同人ではなかった久野収さんが、武谷さんと一緒に、数日おきに私をたずねてきた。もともと久野さんは、私のように、自分が牢屋に入っていたころにアメリカに私費留学していたようなブルジョワ息子はきらいで、遠くから見ていたのだが、スキャンダルをつくられたときから、急に親しくしてくれた。その時代相を知らぬ一九三〇年代の日本の知識人について莫大なゴシップを私にもたらしたのは、このころの久野さんの雑談である。

そのころ、私とおなじような著者訪問を受けもっている小雑誌の編集者にふれて、「Yを見なさい。雨にうたれたような風情をしているだろう。技術論でなだかいAにふれて、彼と高校で同級だったと言うだろう。それが彼の生涯の誇りなんだ。」

このとき、いなずまにあったように、一九三〇年代初期に、おなじ高校の仲間が左翼として検挙された、Yにとってのその時代の相が私に見えて、理論の文字面の底にある彼の心情の動きが、つたわってきた。このように、久野さんとの雑談をとおして、私は前代の動きに参入する機会を得た。

竹内好は、日本が中国を圧迫することを悩んでいた人で、自分が中国語をまなび、中国文学を読むことを、その悩みに引きよせてつづけていた人だった。ところが米英に対する開戦とともに、戦争を支持する方向にふみきった。そういう人が仲間の一人になったことは、『思想の科学』に新しい動きをつくった。私についてだけ言うならば、ヨーロッパ、アメリカのほうから日本を見るということとは別に、中国、アジアの側から日本を見ようとするまなざしを私の中につくり、論理の上で筋のとおった文章ではなく、生活の実感から考え、ゆれうごくことをかくさず前に出してゆく見方にむけて、新しい道をつくった。(11)

天皇制支持の論客葦津珍彦が、共同研究の仲間に入って、心をひらいてものを言う人となり、なくなるまで対話の相手となったことに、私は啓発された。なくなる前に、たずねてきて、自分は敗戦のときにこれからは天皇の弁護士になろうときめた。だが弁護士の役をひきうけるということは、天皇制の悪い面を公然と占領下では言わないということであって、天皇制の悪い面に自分が気づいていないということではない、このことをあなたにつたえておきたかったと、遺言のようなことを言われた。二〇年ほどのつきあいのなかで、彼は自分の立場にとって不利なことをも認め、対話の相手として信頼できる人だった。

原稿料をわずかしか出さない小さな雑誌の編集者としてこういう人たちと話をかわすことが、私にとって大切な教育の場だった。私のあとは、加太こうじ、上野博正、加藤典洋、黒川創が主な編集者となり、その終刊の後には、『活字以前』という原稿掲載料を逆にとる形で、丸山睦男、高橋福子を中心としてつづいている。『思想の科学』の五〇年の歴史の中で最後の二〇年の活動は上野博正に負う。彼ははんこ職人の息子として浅草に生まれて育ち、そこで身につけた気風として、からだを使って受けた恩は、自分のからだを使ってかえす、ものをもらって受けた恩はものをもっていずれかえす、知恵をもらって受けた恩は知恵でかえすという箴言を生きている人で、この人のそのときどきの語録をとおして、私は貴重な教育を受けた。

自分の身体と自分の家庭からまなんだことが、教育の基本である。私以外の人でも、そうではないか。

家庭の外では、職場、これは、私にとっては、最初に軍隊、次に雑誌編集、その次に大学という順序になる。さらに男女関係、自分のつくる家庭、自分の子どもから受ける教育、近所の人たちとのつきあいから受けるもの、社会活動から引退した人として孤立ともうろくから受ける教育、近づいてくる死を待つことから受ける教育である。

それらと平行して、私にとっては、サークルが、大切な役割をはたしてきた(12)。

三　サークルという場

サークルは、おたがいの表情を見わけることのできる形の集団であり、拘束のゆるい非定型集団であり、学校とちがってはじまりと終わりとがさだまっていない集団である。

サークルは、私にとっては、自分の頭蓋のように感じられる。ものを考える場であり、そこで思いつくことが多い。

転向という主題を私は、戦時中のジャワ島で一九四三年に思いついた。人にはなすこともなく、そのためにそのときの構想は、活字にしたものよりも大きい。敗戦後に、『芽』という小さい雑誌(第二次『思想の科学』)の編集者として何人かにたのんで数個の論文として世におくった。そのあと、この主題で共同研究をすることを呼びかけ、あつまった人たちとはじめた。会合は、二度目でほとんど固定した。毎週一回、八年間つづいた。出版元と契約し、本の形にする直前に入った藤田省三の力が大きい。彼はこの仕事に全力を投入した。彼の人がらのロマンチックな魅力、人の発想にはたらきかける独創的な会話は、この毎週の会合に、思想を育てる酵母としてはたらいた。メンバーの大方は、大学三年生、四年生であり、自分の興味がわきおこってくるにつれて、必要な資料をあつめ、自分の手で整序してゆく過程を、週単位のあつまりで披露した。打ちだされた発想がとびかい、どの考えにも個人的な特許はなく、うごくコミュニティーという感じがあった。その記憶は、五〇年近い今もあざやかである。このサークルの日常を、安田武は「転向研究会のなかで」という物語にのこした。

このあつまりの胴元は平凡社であり、その編集者は鈴木均、児玉惇である。一年で出版社に完全原稿をわたすという約束ではじめたのが、五年(サークルとしての始動から終息まで八年)にのびたから、受けもちの鈴木均は会社に対して苦しい立場におかれたが、辛抱してくれた。

いよいよ最初の一冊を出すと、つかれてしまった。この時に、外部からヴェテランの応援を得て、二冊目を出すとさらにつかれて、さらに多くのヴェテランの応援を外部から得て、ようやく、一九六一年に全三巻の完成を見た。仕事は今ではそれぞれの個人の著書にのこっているが、つくる力そのものは、毎週の会合にあり、もとのコミュニティーにあった。

「転向研究会」が八年つづいて終わった。それにくらべて、私の代だけで三七年つづいた「家の会」があり、それは自他の家の問題をもとに話しあうので、どんなに話題がそこからはなれても家の問題と平行的にとりくむ形をとった。北沢恒彦と笠原芳光と一緒につくり、後には安森ソノ子が中心の担い手となった。この人は、実母、養母、夫の母の三人をそれぞれの八〇代をこえてみとった人で、彼女の実生活上の体験がこのサークルにあって想像力の源泉となった。

サークルには、小林トミ姉妹とはじめた「主観の会」のように一冊の大形スケッチブックに絵や文を書きいれてつくる回覧雑誌もあり、これは六〇年安保の中で、「声なき声の会」に転生し、やがてヴェトナム反戦運動に出会って「べ平連」の出生の一つの契機となり、「べ平連」以後も樺美智子の命日その他にあつまる市民運動として三〇年あまりつづいているものもある。

「家の会」は、単行本をつくることを目的とせず、会話と合宿のサークルとして三七年つづいている。私の個人史からはなれると、サークルには、記録にのこっていないものが、数知れずあるだろう。ハンセン病の療養所に小学校を出てすぐ家族から切りはなされて隔離された志樹逸馬のような詩人が、彼を育てたサークルなしにあらわれたとは考えにくい。また白系ロシア人の少年であったトロチェフが、草津療養所で一人の詩人として育ったことは、ここに独立の小屋をたてて彼の祖母と彼との二人のロマノフ王朝直系のサークルがあってはじめてできたことである。

戦後日本史のわくの中で、白鳥邦夫を軸とする「山脈」が、秋田県能代を拠点として、友人がしっかりとつきあうということを五〇年をとおして実現した。これと対照的に、谷川雁を発火点として九州にあらわれた「サークル村」はその雑誌としての活動は二年だったが、その影響は、四〇年後の今日も、石牟礼道子、中村きい子、森崎和江の著作にあきらかである。

数学者ウィーナーと生理学者ローゼンブルースは、それぞれが自分の専門の研究をすすめながら、おたがいの学問の技法を理解し身につけることをとおして、サイバネティクスという新しい学問の領域を切りひらき、フィードバックという基本概念をもとに自然科学、社会科学、工学技術に今日も生きる考え方をのこしている。私たちは、このように学問の技法をたがいにもちよって共用するという境地に踏みこむ実績をもちえなかった。それは、大学にいれば自然にそのまま、つくりだせる方法でもない。

江戸時代の「尚歯会」は、ほんとうにあったのかどうかさえ疑われるまぼろしのサークルだが、さまざまの土地を逃げまわった高野長英の足跡から想像すると、記録にのこっていないいくつものサークルに長英がくわわっていたと考えても、まちがいではなさそうだ。

大学に籍をおいてまもないころ、私より二歳年少の多田道太郎から、自分より少しでも若いものには、自分にないものがあるということを信じなくてはならないと忠告を受けた。私は子どものころから自分より年長の人のあいだにまじっていたので、年長の人からものをきくことに集中していたからだろう。多田道太郎とともにつくったサークルは、『芽』編集室(これは彼と二人)、「大衆芸術研究会」(これは、桑原武夫、樋口謹一、多田道太郎、私)、「日本映画を見る会」、「現代風俗研究会」で、いずれも私にとっては、思いつきの母胎になった場所だ。人は皮膚から老化する。そのことを考えるなら、時代の流行に対する感度は、自分より若い人がつねに先んじている。多田道太郎の忠言を五〇年、私は実行に移していると言えないが、念頭においている。

研究を目的としないサークルもあって、安田武、山田宗睦と私で、八月一五日にあつまって、かわりがわりに坊主頭になり、そのあと会食するというあつまりを十五年戦争の長さだけつづけ、そのあとはただ会食するということを何十年も、安田の死でメンバーが欠けるときまでつづけた。これは期せずして、日本各地でつづいている「戦友会」とおなじ形のもので、日本人の習俗とむすびついている。計画してそうなったものではないが、高橋三郎の『戦友会』の調査研究を読んで、知った。安田が欠けてから長いことあつまったことがないが、山田宗睦が評論活動から引いて、『日本書紀史注』にうちこんで、大冊四巻を出したのを機会に、一九九九年五月に山田、私、安田夫人であつまって、山田の本の読書会をひらいた。

三〇巻を予定しているそうで、あと二六冊ということになる。七〇代のうちに全部を仕上げなければならないという。山田は私より二歳年少の七五歳だからあと五年ということになる。それが完成するときには、私は生きていないか、生きていても、それを読んで感想をのべることはできないだろう。

二人は、駅までおくってくれて、そこで別れた。このおそらく最後のあつまりは、私に生活習慣の変化をもたらした。家にかえってからも、これまでのように一日に何時間もテレビを見て、何もせずにゆっくりと死を待つという気分にはならない。しなくてはならないことが、もともと、いくつかはあった。その仕事にかかろうという気分に変わった。テレビの中は今もバブル時代の日本であるというが、かわりがわりに坊主頭になるという冗談そのものが、泰平の中で、徴兵検査のときの坊主頭、はだか、ふんどし姿の自分を引きよせるという、風俗切断行事だった。今、旧坊主頭の再会を機として、テレビから自分を引きはなすという決断をすることと似ていないことはない。

四　まなびほぐす

もともと学校と私とは相性がわるい。かぞえてみると、小学校六年、これはかろうじて卒業した。中学校一年、そこを退校して別の中学校に二学期、それでいったん終わり。アメリカに行って、予備校一年、大学二年半。合計一一年である。

だから学校にあまり行っていない人と、気があう。反戦運動の中でも、べ平連から派生した脱走兵援助に、日本の戦争中に自分の夢みていた方向に飛びだした若い人を助けているという気分が動いて、その人につくすのは無効ではないと感じた。国家公認の暴力行為から自分の決断ではなれるというのは、私にとって、自分がそのために何かしたいくらしの流儀である。

偶然私は、大学の教員となり、二一年、大学の中でくらした。日本の大学をやめてから、海外の大学で教えた二年をくわえると、二三年になる。そこからも、それなりに学んだことがあり、授業の準備は自分のしたいと思う学問を進めるのに役にたった。だが、たとえ自分のする講義であっても大学の講義が自分の智恵になるというには、自分でうめなければならない溝がある。

一七歳の夏休み、ニューヨークの日本図書館ではたらいているときに、ヘレン・ケラーが手話の通訳とともにその図書館をたずねてきた。

館長が、宮城道雄の「春の海」のレコードをかけると、ヘレン・ケラーは、蓄音機に手をふれて、そのふるえから何かを感じて、音楽についての感想をはなし、偶然、私に質問して、私がハーヴァードの学生だとこたえると、自分はそのとなりのラドクリフ女子大学に行った、そこでたくさんのことを「まなんだ」が、それからあとたくさん「まなびほぐさ」なければならなかった、と言った。

たくさんのことをまなび(learn)、たくさんのことをまなびほぐす(unlearn)。それは型どおりのスウェーターをまず編み、次に、もう一度もとの毛糸にもどしてから、自分の体型の必要にあわせて編みなおすという状景を呼びさました。ヘレン・ケラーのように盲聾唖《もうろうあ》でなくとも、この問題は、学校にかよったものにとって、あてはまる。最後にはみずからのもうろくの中に編みこまなければならない。これがむずかしい。今の自分の自己教育の課題となる。そのことに、そのころは気づかなかった。

もうひとつ、昔の大学は、古典の本文を、まっすぐに意味をとるように教えた。プラトンにしても、アリストテレスにしても、その本文の正統(何年か、みんなの歩いてきてつくった道)の意味をそこからくみとるように訓練した。それほど前の時代に属する作品でなく、ほとんど同時代の作品であっても、海外のテキストならば、言語解釈上正解というべきものを教え、それが、大学の役割であるとした。

西田幾多郎「明治二十四、五年頃の東京文科大学選科」という小文がある。(13)西田は金沢の第四高等学校でストライキをして退校になった。のちに東京帝国大学に入ったが、旧制高校を卒業していないことがさまたげとなって、東大本科生になることができない。選科生となった。選科生は書庫に入って書物をさがすことを許されず、閲覧室で本を読むことも許されず、廊下にならべてあった机で本を読むことになっていた。「高校で一緒にいた同窓生と、忽ちかけ離れた待遇の下に置かれるようになったので、少からず感傷的な私の心を傷つけられた。」

そのころの東京帝大哲学科の学生には、西田の上のクラスに松本亦太郎ともう一人の松本某や米山保三郎などという秀才、二年下には桑木厳翼、姉崎嘲風、高山樗牛などと天才組がいた。西田のクラスでは大島義脩が主席で、岩元禎もいた。

右のような訳で、高校時代には、活発な愉快な思出の多いのに反し、大学時代には先生にも親しまれず、友人というものもできなかった。黙々として日々図書室に入り、独りで書を読み、独りで考えていた。大学では多くのものを学んだが、本当に自分が教えられたとか、動かされたとかいう講義はなかった。その頃は大学卒業の学士に就職難というものはなかったが、選科といえば、あまり顧みられなかったので、学校を出るや否や故郷に帰った。そして十年余も帝都の土を踏まなかった。

『瀧口入道』や『わが袖の記』の高山樗牛はしばらくおき、そのころ学生仲間で秀才・天才と呼ばれたものは、洋書を速く的確に読み、要約する能力をもつ人であった。

西田はそういう力をそなえておらず、教授から認められることもなかった。

しかも選科であったために、卒業しても有利な地位を得ることもなく、教授の推薦を得て留学生として海外におもむくこともなかった。それは、西田の成長に有利にはたらいた。もしも西田が、早い機会に海外に留学していたら、もしもすでに彼が独特の読みをウィリアム・ジェイムズの「根本的経験論」について試みていたとしても、ジェイムズ自身についていたとしたらともかく、アメリカの大学の普通の哲学科の教授は、西田のジェイムズ論文の読みを誤解としてしりぞけていただろう。

というのは、西田をひきつけた言葉「純粋経験」は、ジェイムズにおいては認識に限って使われていたので、今私が見ているこれは、もともとならべておかれればものであり、あとで自分の心の系列にくみいれてみれば「こころ」であるという判定である。

西田は早くから「只管打坐《しかんたざ》」という日常の行為のつみかさねを受皿としてこの「純粋経験」をうけとり、これを実生活の底にあるよいものと考えて、人生を肯定する第一歩とした。ジェイムズ自身がこれを直接に西田からきいたら、自分がこの言葉にあたえた意味とはちがっているがおもしろいとうけとったであろうが、本文の正解を規準とする教授にあたったとするならば、東洋人学生の誤読である。こうして、君の解釈はまちがいで、正解はこれこれと判定されたら、大学からまっすぐに留学した西田は相当の打撃をうけたであろう。「只管打坐」の生活の中で一人しりぞいてジェイムズを読み、自分の概念をつくる過程は、そこからはひらけなかっただろう。

ジェイムズ自身は、画学生出身で、父の反対でやむなくハーヴァード大学医学校に入った人で、写真のとりにくい時代だったから画才を生かして比較解剖学の講師となり、やがて世界ではじめて生理学をとおって、科学としての『心理学原理』二巻をあらわした。彼は、自分のきいた最初の心理学の講義は自分のした講義であり、自分のきいた最初の哲学の講義は自分のした講義であると言った。そういう画学生以来の横すべりにつぐ横すべりが、大学という制度の確立していない一九世紀のアメリカではありえた。

彼のマージナリア（書物への書きこみ）には、概念を自分の欲望でつらぬくところに自分自身の使いこなせる自分の概念が生まれる、というおぼえ書きがある。これは、プラグマティズムの定式としては厳密なものではないが、これはこれでパースのプラグマティック・マクシムのとなりにおかれても、プラグマティズムなりの別の方法を示唆している。パースの定義は、

われらの概念の対象がけだし行動への影響を有するいかなる効果を持ち得るとわれらが考えるかをかえりみよ。そうするならば、これらの効果についてのわれらの概念こそは、その対象物についてのわれらの概念の全部である。(14)

科学方法論としてはパースのほうが、はっきりしている。ジェイムズのプラグマティズムは、くりかえしパース、さらにA・O・ラヴジョイによって批判にさらされた。別ものだというわけであり、その批判はあたっている。

私自身は、パースからは本のまっすぐな読み方を、ジェイムズからは自分の欲望に

よって横からゆすぶって読み、意味の変形をはかる読み方をおそわった。

ここで、大学とのかかわりから何をおそわったかにふれる。最初の職場となった京都大学人文科学研究所は一九三九年にできた。これは戦争体制と結びついたもので、敗戦後にくみかえになり、一九四九年、東方文化研究所、西洋文化研究所と一緒になって、人文科学研究所と呼ばれる。敗戦後ここに私は呼ばれた。私の上司は、この人も新任の桑原武夫教授で、その性格の特色は、ジェラシーのほとんどないことだった。自分の学問上の位置を一・五流と称し、二流でもないが一流でもない。学者としての一流は、中学生活をともにした今西錦司、貝塚茂樹、高校生活をともにした吉川幸次郎で、その学問に及ばないという公平な自己評価をもっていた。この一・五流という自己意識が、一流の専門学者をこえる組織力の源泉で、新任の人文科学研究所で共同研究をおしすすめる力となった。戦争にうちひしがれて小さくなった大学という制度上の条件もあったが、桑原さんのうしろだてを得て、私は自由に校庭を横に歩くことができた。制度の垣根をこえることは戦前ではむずかしく、敗戦後五〇年あまりの今ではまたむずかしくなっているが、おなじ京都大学でも対照的な時代だった。

京都に来るそうそう、人文科学研究所に理学部動物学科の大学院学生が来て、屋久島について話をした。地形、地質、気候、植物、動物、人口構成、産業、まつり、くらしのたのしみにいたるまで、この島の全体の特色をみじかい時間に、自分たちの調査にもとづいて描く、その手腕に感心した。梅棹忠夫だった。その研究室までたずねてゆくと、彼は不在で、手もちぶさたの私のところに、教授があらわれて話し相手をしてくれた。秘書がフィールド・ノートを整理しており、そのノートはローマ字でとってあった。やがて彼はあらわれ、地下室で彼のすすめている実験に案内してくれた。おたまじゃくしを入れた水槽をテープでいくつものかまちに仕切ってあり、一定の時間に、むれが生じる度合いを記録して、推計学的分析をとおして、おたまじゃくしに社会的干渉があるかどうかを測っているということだった。

おたまじゃくしの社会について研究するところから、世界諸民族の文化を対象とするところまで、五〇年の彼の学問の歴史があった。

そのころ彼は酒を飲まなかったので、ちょうど人文科学研究所と理学部動物学研究室の中間にあった進々堂コーヒー店でコーヒー一杯で話をかわすことが、私にとって京大在任の時期の最高の教育となった。公平に考えて、私が彼にあたえた刺激はゼロにひとしく、彼が私にあたえた影響は無限大である。それでも、興味をもつ聞き手を得たことは、彼にとって愉快なことだっただろう。

研究所にいた五年間、私には講義の義務はなかった。それでも、たずねてくる学生との交渉はあった。経済学部の西村和義は、映画鑑賞のサークルを学生仲間でつくっており、「ヨーロッパのどこかで」という第二次世界大戦でホームレスになった子どもをとった映画につよい感銘を受け、おりから再軍備への動きが日本にあり、またそれに反対する運動を弾圧するための破防法を制定するという動きもあったので、それに対する今でいえばティーチインを、学生と教師とが無料で実行する計画をもってきた。西村和義の出身地である鳥取県でおこし、人口五千以下の町をまわる綿密な予定をつくった。夏休みに、西村和義と二週間、一日に二カ所まわる旅行は、私にとって有益だった。おなじ話を二度するのが私にはやりにくいので、ちがう話の準備をしてまわったことが、話の反応をふくめて私に新しい教育となった。

今から二年ほど前、東京の九段を歩いていると、西村和義に会った。彼はながく三菱鉱山につとめ、この系列の会社の重役になっていた。

「ぼくの考えはかわりません。ぼくたちの仲間にいつか会ってください」

と彼は言って、会社につれていって社長とはなす機会をつくってくれた。

東京工業大学に移ってからは、この学校は科学技術に集中する学生たちの大学なので、むしろ、一九五四年から六〇年にかけての学生運動がそこに育つのに立ち会うという経験が新しかった。敗戦直後の学生の中から吉本隆明、奥野健男があらわれ、その二人を教えた数学の遠山啓がなおも大きな信頼を教師の間にも学生の間にももっていた。敗戦直後とちがい、無党派の反戦思想がはっきりと学生の間にあらわれ、共産党と対立する独立の反戦運動がここに拠点をつくっていた。

一九六〇年五月一九日の新安保条約の強行採決を起点として、国会をとりまく抗議運動がおこったとき、東京工大にはほとんど出席者がなくなり、六月一五日には大学がからっぽになり、中立的立場だった学長は、心配して自分も大学をぬけて国会まで出ていった。

私は、一九五九年一二月と、六〇年六月一五日に国会に突入した反代々木系学生の政治的プログラムの実現性を信じてはいなかった。しかし日本史上最大の大衆の大きな抗議行動に、わずかの数の学生がこのとき火つけ役になった。そして、この抗議行動がなかったとしたら、一九四一年一二月八日に、負けるとわかった戦争にこの国家をまきこんだ戦時閣僚の一人を、敗戦後に首相として、アメリカとの軍事協力に送りこむのを、日本人は黙認したことになり、あの戦争がなかったことになるのではないかというつよい感情をもった。あの戦争がなかったということはない、あの戦争をおこした政治指導者の責任は忘れない、そういう抗議行動が、一九三一年の満州事変以来はじめて、一九四五年以後に日本で表現されたことに感動した。この先頭に立った東大生樺美智子に対する感謝をこのときも今も私は忘れない。

このときのアメリカの新聞は、はじめ大規模の抗議は日本共産党に指導されたものと書いた。アメリカの大統領アイゼンハワーとおなじ飛行機にのりこんで日本に向かっていたセントルイス・ポスト・ディスパッチの記者リチャード・ダッドマンは、これまでのアメリカの新聞の報道に疑問を感じて、大統領が予定を変更して日本訪問をとりやめたあと、単独で日本に来た。彼はこのとき私に接触してきたので、私は彼を東京工大の学生寮につれていった。

「この中に共産党員はいますか?」

と彼はたずねた。学生たちは手をあげなかった。それは、そうアメリカの新聞に報道されるのを恐れたのではなく、私とつきあいがある学生たちは事実を言ったのである。彼の質問に学生たちがこたえたあと、学生のひとりが、

「今ここで取材したことをあなたが書くという保証はないではないか」

と逆に質問した。するとダッドマンは、今取材したことを自分は書くし、その記事を、あなたがたに送ると約束し、その約束を実行した。そのあと、彼とともに、私としては生まれてはじめて東大の学生寮を訪問し、おなじような経験をした。

私はこのとき、竹内好が都立大学をやめたのにつづいて、東京工大をやめており、東京工大の学生との接触も、大学外の人間としてしたことだった。おなじころに、政党と無関係な人びとによる「声なき声」[15]という誰でも入れるデモが中学校の絵の教師小林トミを言い出し人としてあらわれ、ここにあつまった人たちは、他の組織集団と

かかわりのない人だった。このときに、この無党派デモにくわわった人の中に会社の課長だったために組にくわわれなくて一人で国会まで来ていた本多立太郎、麻布十番で乾物屋をしていた中年の主婦望月寿美子がいて、その後の「声なき声」で八〇代をこえて発言をつづけている。初老ではじめて四〇年。そのあいだの発言と文章が、日本でこれまで学生と若い人の発言しかなかった反戦運動に持続の質をくわえた。高齢化社会の一つの側面である。こうした人びとが無党派人としてそれぞれ独自の人がらであることを、私は四〇年間の「声なき声」からまなんだ。六〇年の抗議は、そのときかぎりですぎさったものではない。

一九六〇年六月一九日の新安保条約の自然成立を、国会をかこむ人びとは、黙ってむかえた。自己制御力のあるこの沈黙は、やがて五年後にアメリカによるヴェトナム北爆への抗議行動を準備することになる。

一九六一年から七〇年まで、私は京都の同志社大学にいた。文学部社会学科新聞学専攻というところである。

それまでいた京都大学、東京工業大学とちがって、勉強しなくともいいので、学生に活気があり、私の気分とあっていた。

校庭に車椅子にのった学生がおり、あとになってわかったのだが、哲学科の学生で、彼はどこにいても打ちすてられていることがなく、誰かが彼を見つけて、求める方向に押していた。二〇年ほどたって、彼は、もう大学をやめている私のところにたずねてきた。私の家の前には石段がある。タクシーからおりた彼に、「私にはあなたを車椅子ごともちあげて家に入ってもらうだけの体力はない」というと、

「大丈夫ですよ、ヨーロッパまで行って、街をはって歩いてきたんですから」

と答えて、背広ネクタイ姿だったが、それをものともせず、階段をはってあがった。感動した。

彼には、ゴッホ、岡倉天心、中井正一についての著書があり、論文制作についての手引きの本ほか、すでに一〇冊にあまる著作がある。文章には、力があり、普通に大学教授・評論家の書く文体から彼を区別する。

高橋幸子は、はじめ、私のゼミナールで、はきはき発表をしないことが、私の記憶

にのこった。彼女の卒業論文は、彼女が主題を設定して監督したそうであるが、資料あつめと執筆とは他の学生に託したそうである。どうりで、この論文の審査のときに、南博を引用していますね、とか、橋川文三も引いていますね、と話をするように水をむけても、はかばかしい反応はなかった。

ところが、卒業から一〇年たって、「朽木村の蛙」という文章をもってきて、それから次々にもってくるまぎれようのない自分の文体で書かれた記録が、どれもあざやかな印象をのこした。『みみずの学校』、『みみずのこども』など、彼女の文体はいずれも版をかさね、『ままちち物語』という彼女の継父との関係は、幼いとき以来の継父とのやりとりで社会的経験をかさねて、弾力性のある姿勢をもって現代を生きていることを読者にしらせる。大学教授は、自分のゼミナールの学生についてさえ、よくわかっていないということが、私にわかった。この学生の考える力を確信するのに、私は三〇年かかったことになる。この三〇年の中で考えると、この人についても、梅棹忠夫とのつきあいとおなじく、私からこの人にあたえた教育はゼロにちかく、この人から私が受けた教育はかぎりなく大きい。

同志社大学にいた一〇年間、はじめてもったゼミナールには、はじめから終わりまで、それぞれに、FIWC(フレンズ・インタナショナル・ワーク・キャンプ)の学生がいて、その最初の学生は那須正尚だった。彼は私をワーク・キャンプの仲間に紹介しただけでなく、やがて『思想の科学』の編集者として、またべ平連でだした週刊誌『週刊アンポ』の編集者として、また脱走兵援助のはたらき手として活動した。その後、森林労働者としてはたらき、NHKテレビではたらき、骨董の目利きとなり、がんにかかり、骨董のコレクションを手ばなし、自分の始末を自分でつけて、ホスピスでなくなった。NHKテレビの『おんな太閤記』などのクレディットで名前を見た他には、無名に徹したいさぎよい生涯だった。

二年目のゼミナールが動いていたころ、私は東京に出て、夜行列車で京都にかえってくる前の日の午後、東京神田のYMCAでトロチェフと約束をつくっていた。彼は草津から隻脚でバイクにのって東京まで出てきて、その夜はYMCAで一泊する予定だと言っていた。予約をとっていたにもかかわらず、私がYMCAについたときには宿泊をことわられていた。他の客に不快な感じをあたえるからという理由だった。新薬プロミンがあらわれてから、ハンセン病患者は回復し、感染しないという説明書つきで園長から外出許可証を得ている。それを見せても駄目だという。ようやく彼は、他所に電話して、アメリカ人が横浜で経営している海員宿舎に宿泊することができた。その夜トロチェフとわかれて京都にもどったものの、憤慨はおさまらず、こういうことがあったということをゼミナールの学生に言った。

数日して、学生の一人が、私の研究室にたずねてきた。

「回復者をとめる家をつくりましょう。土地を貸してくれる人を見つけました。」

二一、二歳の青年が、土地を貸してくれるほどの信用を得ていることにおどろいた。伝染しないという証明をもつ人を、YMCAというキリスト教の施設がことわったことにもおどろいたが、それに憤慨することは誰にでもできる。しかし、その話をきいて、憤慨を形に変える青年が出たのにはさらにおどろいた。自分が教えている学生の中に、教師を超える人がいたのだった。

「むすびの家」(回復者の宿泊施設)は、ワーク・キャンプの学生によって着工された。そういうものができては困るという抗議が近所からおこり、作業中の学生を、百人ほどの村人がとりかこむという事件がおきた。

村人を前にして、ワーク・キャンプ側は、

「みなさんの反対があるあいだは、私たちはこの家をたてません」

と言って、ブロックを彼らの目の前でこわした。

この仕事をあきらめたわけではない。夏休みごとにあつまって、男女の二組で反対側の家をたずねて、京大医学部教授西占貢の書いたハンセン病は今日では全快して伝染しないという趣旨を書いた文書を見せ、反対の意見がゆるんでゆくのを見とどけ、あるとき一気に、ブロックをもとにもどし、回復者の家をつくりあげた。

ここには、それまでの学生運動になかった引き足がある。このような智恵と決断は、私に、自分の先行者としての若者を感じさせる。

学生たちに土地を貸したのは、矢追日聖という古神道の法主で、紫陽花邑《あじさいむら》の主宰者である。矢追日聖は、この学生たちを信頼して、彼の村に住まわせ、薬局、病院、印刷所、老人・知的障害者施設、建設会社をおこした。柴地則之はその中心になって、宮沢賢治のポラノの広場のような交流の場をここに実現して、四七歳でなくなった。

Ⅳ　自己教育の計画

一　親問題をすてない

私は七七歳である。かりに生きなおすことがあるとして、おぼえがきをのこしておこう。自分の人生では、そのわずかしか実行できないことはわかっているのだが。学校などなかった時代から人間の教育はつづいている。そこにかえって教育を考えるほうがいい。

どのようにひろくとらえても、教育されない力というものはのこる。それは教育をはじきかえす野生の力である。教育者のおもわくどおりに、生徒の力をためなおすことはむずかしいし、そういう努力をすることは、のぞましい教育ではない。教育と反教育の相互交渉の場を、のこすほうがいい。のこすなと言っても、のこるのだから、はじめから予測に入れておいて計画をたてるようにしたい。

近頃、一三歳、一四歳の中学生と一三回つづけて会って話をする機会があり、そこで生徒の出した教師への注文は、教師が自分をふくめての問題を出してこないという点にあった。親についてもそうで、親が子どもをふくめての自分として、人生の問題を問うことがないということを、とてもはっきりと、なげかけてきた[16]。

教師が教師であることによって、尊敬されるべきだと考えている教師は、教育をになう条件を現代では失っている。親が親であることによって、尊敬されなくてはならないという考えも、現代では考えなおす必要がある。

生徒の前に、自分自身をもっと前に出す方法を考えたらどうだろう。なくなった政治学者の神島二郎は、家庭は失敗を語りつぐ場と規定したが、これは卓抜な定義である。

人は人に対して狼であるという、ホッブズが哲学のはじめにおいた命題があるが、文明のゆきづまりの中で、私たちはふたたび、この命題ととりくまなくてはならないときがきた。教育はこれまで、明治国家の教育制度ができてから、人が人に対して狼となって食いあうというような側面は、教室の外にしめだされて一三〇年たったが、今、生徒の中から殺してどうしてわるいかと実行をもってせまってくるものがあらわれた。これに対して、重くうけとめますと、大臣なみの答弁を校長がして、逃げを打てるものではない。

そういうところに、今、私はいるという考えから、自分なりの自己教育のおぼえがきをつくってみる。抽象的にすぎるときには、具体例を間にいれておぎなってゆく。

親問題をすてないということ[17]。

人は生きているかぎり、今をどう生きるかという問題をさけることができない。今生きているということが、問題をつくる。それが親問題である。

誕生のときから、そういう親問題をかかえて、それととりくみながら、満六歳をこえて学校に入る。そのとき生徒はすでに親問題をもっている。

それは、どうして学校に行かなくてはならないのかという問題であり、どうして生きてゆかなくてはならないのかという問題でもある。

そういう問題は、学校では問わないことになっている。親問題は小学校一年のときにしめだされるだけでなく、中学校でも、高等学校でも、しめだされている。この間、一二年。この長い学校教育のトンネルから、親問題はしめだされたままである。生徒は、教室では自分の問題をつくる機会がない。優等生は、自分で問題をつくる習慣を巧みに忘れる。そのほうが、学校での成績はよくなるし、受験にも成功する。小、中、高、大の上位校の入学試験ごとに、自分で問題をつくる習慣を忘れていることは、有利にはたらく。

大阪大学医学部のある教授は、「条件反射について」という問題を出したところ、新入生のほとんどが書けなかったと新聞に書いている。阪大医学部に受かるほどの優秀な生徒は、早くからまず教師の出す問題の答の選択肢を受けいれてそれに対して○×で答を出すことになれていて、何もないところから自分で問題を考えてゆくことになれていない。

この状態は教師にとっても、職業遂行上有利である。小学校のときから、自分だけが問題を出し、その正しい答は、この教室では自分だけが知っている。なぜ自分だけが正しい答を知っているのか。それは、考えてみるとむずかしい問題なのだが、そのことは、一九四五年八月一五日以後しばらくのあいだ問われただけで、それ以後五〇年あまり、問われたことがない。

教師は、その正しい答をどこで知ったか。

教師は、その問題をどのようにして手に入れたか。

教師は、その問題を自分でつくったのか。

（これについて教師に答案を書いてもらって、生徒に見せてもらうといい。）

業者のつくったマニュアルに問題が書いてあり、正しい答も書いてある場合もある。

大学の試験問題に私の文章が出ることが何度かあったが、公刊の模範答案を見ると、そこに出ている正しい答は、その文章の作者である私の出す答とはちがっていることが多かった。テキストは公の場におかれているので、作者の出す答はかならずしもただひとつの正しい答とはかぎらない。しかしどうして正しい答はひとつなのか、と私は問いかえしたい。

親問題には、正しいひとつの答を出せないものが多い。

どうして生きつづけてゆかなければならないのだろう。この親問題を答えやすい子問題にかえて答えることはできる。

今はその親問題に答えるのにふさわしいときか？　という子問題をつくり、それに答を出す方法。

子問題——そういうことを今、ここで考えていても答は出ないから、問題に答えるのをのばそう。

子問題——しかし、今ひどく、このことが胸にせまっている。病気なのではないだろうか。何の病気か。それを確かめてみよう。その他。

どうして学校に行かなくてはならないのか。この親問題を別の子問題にかえてみる。子問題——今の受け持ちの先生と自分の相性が悪い。どうしたら、自分にとっての被害を、我慢できる程度にへらせるか。その他、その他。

いじめの問題も親問題である。いじめを我慢して学校に行かなければならないか。これも子問題に移して考えることはできる。子問題——両親に話してみて、つきそってもらって、先生に話してもらうようにすることはできないか。子問題——子ども自身が両親に話して、学校にしばらくゆかないことを許してもらえないか。子問題——両親にだまって、遠くまで行ってみることにしてはどうだろうか。どこへ。どのようにして。

親問題から別の子問題をつくって、それで一時をしのぐことはできるが、親問題そのものをそれで消してしまうことは、おそらくはできない。しかし消すことのできない親問題を、無理に消さないで、保ちつづけるという道はないか。そうすると、学校の成績がさがる。しかし、成績がさがるということは、自分の生涯をそれほどきずつけることになろうか。この親問題もしめだすかどうか。

親問題をしめだしてしまうと、学校での勉強に能率があがる。明治・大正には、旧制高等学校に入ると、一安心して急に親問題がおしよせてきたのだが、それは西洋哲学をマニュアルとしてそこで定式化された問題をかりてきて、しかし感情をこめて悩む。それは偽りの感情ではないし自殺もおこる。昭和に入っても旧制高校は敗戦直後まであるが、このときにも西洋哲学あるいは文学史から、問題と用語をかりてくる形はのこった。

敗戦後しばらくは、敗戦前とおなじく、高級官僚と銀行・大会社の幹部候補は、旧制高校出身者と一流大学出身者にかぎられていた。横浜正金銀行(後の東京銀行)に一橋大学から入った折原修三によると、入行後数年たって古参の行員になった同期生が、親問題に近い問題をぶつける新入行員にむかって、「そんなことを言っても、現実はね」と言って、銀行の事務の規則を説明しているのをきいたが、そういう同期生が定年近くになると、事務の規則をそのままうけいれ平然としていることができなくて、あわてふためいていたそうだ。昔は西田哲学を勉強したものだとか、カントやゲーテをドイツ語で読んだことがあるとか言っても、もはやカントやゲーテを手にとって読んでも、そこに入ってゆくことができない自分にかわっている。

定年をむかえて家庭にもどってからも、ながいあいだ会社の仕事にうちこんできたものにとっては、妻子と話しあう言葉がない。成績をあげることに成功したものは、小学校入学から大学までトンネルに入っているだけでなく、就職に成功した場合さらにもうひとつのトンネルに入って、定年でトンネルを出て、家庭にもどる。ここでは近所の人たちと新しいつきあいをもとうとしても、妻の代行によってつきあう他なくなっている。

伊藤益臣、寺井美奈子、天野正子を幹事として折原さんをかこんで老いのサークルをしばらくつづけた。今では、定年のあとに二〇年近くの余生がある。その長い年月に、会社の事務をさばく手続きは役にたたないし、受験用の〇×の答の出し方も役にたたない。老年の状況が新しくつくりだす親問題とのとりくみ方、それが〇×流の正しい答で受けとめられないときに自分を助けるユーモアが必要となるが、ユーモアのわいてくる場所をもはや失っている。

富士正晴は、三高を三度受けて、二度入学して二度中途退学になった。同時代のマルクス主義の影響も、西田・田辺哲学の影響も受けていない。出版社につとめているあいだに召集令状が来た。このうっとうしい戦争に彼は意味をみとめられなかった。二つのことを彼は自分に誓って召集に応じた。必ず生きてかえる。戦時を利用して強姦をしない。その二つの原則を守って、敗戦の後に彼は中国大陸からもどった。この二つの原則が、彼の日常生活から出ていることが富士正晴の特色である。それは、彼の文学の特色ともなって、戦中戦後の彼の詩・小説・絵・書の中に常にある。

彼の作品は、同時代の受験教育の影響を受けず、同時代の論壇の影響も受けず、同時代の文壇の影響も受けない。彼自身のがんこな書き方に常にうらうちされていた。

彼は大学生の集会によばれて話をしたことがある。話の終わったあとで、大学生たちが立ちあがって、「あなたは若いときに野間宏と一緒に同人雑誌をやっていたと聞いていたから、思想のある人と思っていたが、何にも思想などないではありませんか」。

日本からアメリカに私費留学したSのところに、アメリカ政府から徴兵検査の出頭命令がきた。アメリカという国には、戸籍がなく、こういうことがときどきおこる。Sは、兵隊に行くと、そのあと大学に行く費用がただになると思って、検査にしたがい、合格して兵隊になりヴェトナムにおくられた。戦場はおそろしいところだった。しばらくの戦闘の後に休暇があり、彼は日本の両親のところをおとずれた。両親は心配して、軍隊から逃げたものを助ける人たちがいると教えた。彼は両親の助言にしたがって、脱走兵援助組織に助けをもとめ、やがて私の家の二階に来て住んだ。アメリカ大使館はこういう脱走兵の存在を知り、つれもどすと何回か声明を発表したが、ついに私の家には来なかった。やがて彼は自宅にもどり、普通の市民として日本でくらしている。しばらくは年賀状が来てやがてたえた。彼は戦後生まれの日本人の日常生活の感覚から行動し、アメリカを信じ利用し、しまったと思うと途中離脱した。これもアメリカ流で、この意味でアメリカから学ぶところがあった。

途中離脱といえば、黒人兵テリー・ホイットモアは、ヴェトナムで勇敢にたたかい、重傷を負うた白人の上官を助けて、自らも重傷を負い、武勲章を大統領から受けた。日本の病院で療養中、彼はアメリカ軍からはなれ、脱走兵援助をつかって、スウェーデンにわたり、今もそこに住んでいる。

途中離脱は、一度自分のきめた判断の体系をすてることであり、思想を一貫性と規準として見るなら、非難に値する。しかし、くらしの状況そのものに対する反応として考えるならば、まっとうな考えだと私は思う。

正しいか、正しくないかだけが、この場合の決断の規準ではない。この決断をとった場合に、自分はどのくらいの罰をうけるかの予測と、その罰に自分はたえられるかの予測とを、考慮に入れなくてはならない。そのような問題の立て方と解き方とは、学校制度のトンネルからしめだされている。はじめの銀行員の場合も、自分はこの銀行の重役にはならない。定年をむかえるときにも、系列子会社の社長にはならないという、来るべき罰についても予測を立てた上で、行員生活中も好きな本を読むことをやめなかった。

二　親問題と子問題

親問題にもどろう。

一〇歳のころ、自分がどのようにはじまるのか気になった。気がつかないうちに世界がはじまっている。自分は目をさましたときどっちをむいて、目がさめたのか。タンスの方をむいていたか。障子の方をむいていたか。明日こそは、自分のはじまりを見つけようと思うのだが、できない。そのことに学校にゆく電車の中で気がつく。この親問題は、子問題にずらして考えれば、答えられる。他人に、見ていてもらうという方法もつかえる。

そんなにむずかしい親問題だと今は思えないのだが。今ならば、もっとむずかしい親問題がおなじ系統であらわれている。自分の起源をどこにおくかという親問題である。

小学校の校庭はせまいので、他の生徒とぶつかって、ぼうっとすることがある。何も考えられなくなったのではないか。そのときに九九が言えるかどうかでたしかめる。二二が四、二三が六、……。だがどうして二と二をかけると四なのだろう。そのように思いだすくせがついているからだけではないか。人がそう言っているからそうだという習慣に、ただ記憶によってぶらさがっているこの不確かさ。

この親問題は、七年後には別の子問題にずらしてとらえなおすことができた。言語としての記憶にもどって、九九をたしかめることはできる。だが、言語にも、日本語があり、英語があるように、それぞれの言語のくせがある。どの言語にも共通して、どの言語で考えるとしても、それを守るほかない共通のくせ(人間にとっての)のようなものもある。それが、算数の規則である。しかし、その人間の言語共通の規則を守らずに考える道はないのか。その他に真理はないと言えるのか。それをうたがうことはできないのか。

そういう子問題にずらして考えてゆくと、答えられる子問題もあり、さらに答えにくくなった子問題も未解決のままのこる場合もある。

森の中の一軒家に父と子が住んでいた。（どういうわけか、父なのだ。）子どもが病気になって心細い。大丈夫だ、神さまがいて、守ってくださる、と父が言った。子どもは、それを生涯信じつづけた。

そのようにして神はあらわれた。これは嘘なのだ。だが、信じたほうが安心できることはたしかだ。

この話を思いついたときは、重大なことを思いついたと思ったが、一年、二年たつうちに、単純にすぎるように感じられた。

この親問題は、一〇年たたぬうちに、次のような子問題に変形した。

「おれは神さまじゃないからそんなことはわからない」

とふと無神論者が言う。すると、その無神論者の言い分の中には、影のように神はついているではないか。

三歳のときには、二歳のときのことをはっきり覚えていたのに、もう思い出せないことがある。四歳のときには、もう二年前のことはぼうっとしていて、三歳のことさえも、一年前ほどにはあざやかにもどってこない。とすると、一歳、二歳、三歳というこの刻み目、里程標となる石は、そのときごとにずるずると、位置をかえている。このようにして、五歳、六歳、そして今は一〇歳になっているのではないか。年齢の里程標がこのように確かにおかれたままのものではなくて、年齢ごとに位置を変えているものだとしたら、歴史とは何か。(18)

自分からはなれずに、もっと先にゆく。

すでに二〇歳となって、私は海軍にいる。小学校卒業の学歴なので、身分は低い。何度もきく訓話。これがはじまりにあって、次に、歯をくいしばってなぐられるのがつづく。

新入り水兵たちの集団(軍属は一等水兵の下)なら、元気な一等水兵が先任になる。

訓練は、「かしこくも……」ここでかかとをそろえて直立。「肇国の精神にもとづき……」、「かみながらの精神にかえって」、「上御一人の聖旨を体して」、……。このものフレーズは、どのくらいあるのか。歴代詔勅集からとられたものと推定される。これらのフレーズからつくる命題は、どれも、たがいに同義語だから、どのようにとりかえてもその正しさはなりたつ。つまりこのフレーズの鎖は、考えなしに無限につづけることができる。

口がくたびれると、手にかわる。こぶしをかためて、相手の顔を右側、左側となぐる。手がつかれると、口にかえて、無窮動のごとく。

このとき、私にとって親問題は痛みである。この親問題の受けとめ方には、学校できいたカルナップの「世界の論理的構築」が入る。

このときの親問題から、「言葉のお守り的使用法について」という私の最初の論文の着想ができた。タネは、私個人の戦争体験プラスカルナップの論理分析である。

しかし、一九四二年には日本にもどってきたため、私は戦時情報局の機関を活用したラスウェルの統計分析に着目していない。私の論文はまったく手づくりで、同時代の海外での仕事と結びつけることもなく、半世紀がすぎた。

その半世紀に、自分の体験した日本の学問史を考えると、明治以後の学問史と異種同型であると感じる。和算を習いおぼえた柳樽悦は、長崎伝習所に派遣されて洋算をおぼえて測量術をもって新政府につかえたが、もとの和算を明治にのこそうと努力した。その努力は実らず、洋算ひとすじの数学会社をすすめる留学がえりにおしまけた。明治以前の手づくりの方法は、職人仕事と文芸の一隅をのぞいては、つみかさねをつづけることができなかった。

三　教育を学校の外にひろげる

I章のくりかえしになるが、サークル「山脈」を今日までつづけている白鳥邦夫は、秋田県の高校の社会・倫理の先生となって、この教室の生徒だけと一緒に勉強していると自分は思っていない。おばあさんがいれば、おばあさんに、おじいさんがいれば、おじいさんに、どのように生きてきたかの聞き書きをとってほしいと言った。聞き書きをとってきてもらって、その人たちと討論する気組みで授業をすすめた。

おばあさんと一列をなして歩く、という気組みが、公立の高校の中に生きる。そういうことはありうる。

これもくりかえしになるが、この人は、職員会議で、朝登校のときの門で、男子生徒の頭の刈り方が何センチ以下、女子生徒のスカートが膝下何センチかをたしかめる規則がきまっても、当番の日は門前に立つが、生徒の眼を見ておはようというだけだった。

「サークル村」を二年つづけた谷川雁(この人のこともI章に引いた)は、公立学校の先生ではないが、もうひとつの学校としてラボという言語教育の場をつくった。はじまりは、今のテープレコーダーのテープはテープの面の一部しかつかっていないという思いつきからだったと言うが、それでは、同じ英文のテキストと日本文のテキストとを同時にふきこんでみようということになり、その機械を売る。買った側は、それを車座になってきき、きいた話をからだを動かして実演するパーティーをつくろうという考えに達した。ラボ・パーティーをひらく会場として自宅を開放して、パーティーをとりしきるチューターをあつめた。

そのとき、英語のうまい人をあつめる必要はない。できれば、たくさん弟妹のいる長女がいい。長女は小さいときから小さい子の世話をやいているから、それが条件反射になってからだに組みこまれている。子どもがさわいでも、それが神経にこたえない。

こういうチューターの選考基準をきいておどろいた。たしかに、いい英語はテープできけるわけで、下手な英語を教師の発音で子どもにおしつける必要はない。テープにあわせて口を動かす。幼い子は、英語もチェコ語も自由に発音できるしなやかさをもち、それぞれの言語特有の抑揚もききわける。谷川のつくった「猫の王様」というテープをきいたが、すばらしいものだった。

言語学を新しく座にすえるために、彼は、ノーム・チョムスキーとローマン・ヤコブソンをまねき、日本側の受け入れは言語学者服部四郎に託した。

こういう谷川雁の力は、敗戦後のアメリカ占領によってうまれたものではない。一九四三年の学徒出陣に際して東大社会学科だった彼は、応召の際の送別会で、奴隷の言葉でも何か語ろうではないか、イソップは奴隷だった、と演説した。戦中何度か重営倉に入った。戦中も戦後も死ぬまでいばっていたおもしろい男だった。

サークルの気風をもって、白鳥邦夫、谷川雁は、教育を学校の外にひろげた。それは、敗戦後だからできたのではない。宮崎県で山下道也の発行する『混沌』というサークル雑誌には別の気風がある。

昭和の夕方、黒木明弘(六二歳)が公園で友人をまっていた。右側のベンチに上品な老夫婦が腰をおろした。突然に異様な舌足らずのかんだかい声がきこえて、右のベンチを見ると、妻のほうが「アー、アー」と言いながら、夫につかみかかっていた。夫のほうは、つかみかかる妻をかるくあしらっていた。表情も変えずに、なんでもない、というあしらい方だった。妻の投げたハンドバッグが私の足もとにまでとんできた。夫は諦めたような微笑を私にむけて、それをひろった。正気にもどらぬ妻を、夫はこうして散歩につれてあるいているのだろう。「夫の諦めたような微笑に、私は胸がつぶれるような思いがした。」

待っている友人が車できた。なくなった友人と山に行ったはなしを車の中できく。

「死んだ女房によく言われたもんだ。あなたって本当に身勝手ねえって」

「ああもうすぐ二年だ。俺なあ、女房を殴《なぐ》ったことがあるんだ。思い出すと、いてもたってもおれんという気持ちになる」

彼の妻は、一人息子が東京で就職した頃から彼の一人行動に抵抗するようになったという。彼が山行の準備を始めると、ものを言わなくなる。

友人はそんなふうに話を始めた。

その日もそんな夏の終わりの夕食時だった。

「おい、なぜ黙っとる」

「……」

「え、どうしてそうふてくされるんだ」

「だって」

「何がだってだ、言ってみろ」

目を伏せた妻は意味もなく箸を動かしながら、

「わたし、自分の気持ちが抑えきれない時があるの、あなたは一人行動でないと駄目なことはわかっていても悲しい気持ちが抑えられない時があるの」

「わかっていたら、身勝手ねえ、なんて言い方するな」

「できるだけ抑えるようにするわ」

「そういう口の下からすぐふてくされるじゃねえか」

そんなやりとりを続けているうちに彼はむらむらとこみあげてきて、妻の頬を打った。抑えないといけない、と思いながら体は反対のほうに反応してまた数回打った。

「あなた、私のことどう思ってます、私と別れたいの」

「どうしてそういうことを聞く」

「だって」

「お前がそう思うんだったらそれもいいだろう」

「いいだろうて？　どういうことなの」

「別れたほうがいいと言うんだったらそれもいいだろうと言ったんだ」

「そんなこと、簡単に言わないでよ、本当にそう思っているの」

「言いだしたのはお前じゃないか」

「ごめんなさい、だって私、あなただけなんだから」

と、そう言ってはげしく泣きだした。

そんなことがあっても、彼は自分のやりたいようにやってきた。そんな二年前、彼が冬山から帰り、ザックを下ろしながら台所のガラスを開けると妻は床の上に倒れていた。床に接した顔は激しくゆがみ、生きた者の顔でないのは明らかだった。解剖の結果、死因は心筋梗塞と判定された。

取調官に「あなたは奥さんの病気を知らなかったのか」と言われて、これがひどくこたえたよ、と友人は低い声で私に言った。(19)

こういう文章がならんでいる。中心になっている山下道也は、男女をとわず、老人の話のひきだし方がたくみだ。その会話のつみかさねから、老人の文章が、サークル雑誌にあらわれる。

老人は、夫妻の場合にも、もうろくの中に沈みかかっているので、中年の夫妻とはちがう、もうろくという第三の因子Xが、AとBとの会話にくわわってくる。この第三の因子Xは、老人がひとりとなっても、直面しなければならないもので、それは刻々変化し、とらえにくい。そのXの動きをたくみに記録にとりいれるところがサークル雑誌『混沌』に、「山脈」や「サークル村」とはちがう特色をあたえている。

そのXが舞台全体をおおいかくすようになり、やがては死が来るのだが、死を前にしての浮き沈みまでを見すえて、準備するところまでが、教育である。

孤独と死より前の舞台で、AとBとがいるところにもどろう。

彫刻家ジャコメッティは、おなじ人の画、おなじ人の彫像をいくつもつくった。母、弟、妻、友人。それぞれを、新しい出発点からはじめて、何日も何日も、自分がよしと思うまでやりなおし、しかもいつも未完成で終わった。彼は自分の理想をこう語った。

そして冒険、偉大な冒険とは、同じ顔の中に日ごと見知らぬものが現れるのを見ることだ。(20)

それは、ジャコメッティが画家・彫刻家としてたてた理想であって、仕事の中でこの理想を追うことをやめることはなかったとは言え、実生活において、この理想を実現したわけではない。ジャコメッティ夫人アネットと、ジャコメッティの愛人カロリーネとは、彫刻家の臨終に先だって病院の廊下でなぐりあったことをジェイムズ・ロードは大冊の『ジャコメッティ伝』(ヌーンデイ・プレス、一九八三年)に記している。この三者もまた、Xという因子のはたらきにこのようにのみこまれた。それにしても、前に書いたジャコメッティの言葉は彫刻の指針だけでなく、人生の理想としての値うちを失わない。こうして、親問題のつくり方は、老年に入るとさらに複雑になる。

四　もうろくと自己表現

もうろくの中でもうろくそのものの親問題を解くには、それぞれのもうろくにふさわしい単純化の技法がいる。外部から問題をあたえて外部から解き方を教えるのでは十分ではない。そこでも、自力と自己教育が問われる。

たとえば、アイザヤ・バーリンによれば、哲学論文に独創性があるとすれば、それは簡単な考えから出発し、それによって支えられて終わるものである。なぜ難しくなるかというと、こう書くと同業者の誰彼がこう批判するだろうとか、引用出典は、どこで何年に出版されたどのテキストかなど言われるだろうというところから難しくなると言う。老人の思想は、どういう枝葉をきりすて、どうすると自分が今表現できるかの自分のもうろくの度合いをはかって、作られなくてはならない。それに応じて、自分の親問題の切りとり方と定式化がなされる必要がある。別に学界人にかぎったことではなく、家庭の中で、近所づきあいの中で、老後の職場の中で、それは必要である。

単純な形から複雑な形へが、思想の領域でも進歩のように考えられてきたが、それは、考えなおす必要がある。どのように単純化するかが、幼年教育においても、老年教育においても、工夫を待っている。

もうろくというX因子がくわわることで、老人の親問題は複雑になり、しかももうろくがくわわることによって、当人の答の出し方は複雑な親問題の単純化を必要とする。『混沌』は老年親問題の参考例の持ちよりの場だ。

五　より広い存在へ

小学生とつきあうめずらしい機会があって、そこで、生徒たちのほとんどが、どういうふうに大人になったらくらしたいかという問いにこたえて、動物と関わりのある仕事につきたいとこたえた。私などの生きた昭和のはじめとちがう。敗戦直後ともちがう。

今、一九九九年に、犬と散歩すること、猫と家にいることをたのしむ大人が多いこととおそらく、地つづきの傾向であろう。

草花を育てる。あるいは鉢植えを身近におくということも、孤独な老人のなぐさめとなっている。幼年、中年、老年の共通のたのしみと言える。犬猫だけでなく熱帯魚を飼うという趣味も、明治、大正にくらべて、ひろがっている。

動物のほうが人間よりたよりになるという思想は、厭生観のように解することもできるが、人間が自分の存在よりもひろく存在を感じるようになったと見ることもできる。人間と(人間以外の)動物との親しさは、キリスト教にもとづくヨーロッパ人の世界観とちがい、また近代ヨーロッパ人の世界観をとりいれた明治以後の日本人の感じ方からもはなれて来ているとも見える。それは地球上の動物の一種として人間自身を見る見方、そしてそういうものとしてやがて人間が終わることを見すえる見方が育っているとも言える。自分(たち)の死も、その中におこることとして、受けいれるということだろう。人間の無限進歩を前提とする教育からはなれていく、教育の手なおしが必要となろう。

明治から今日まで、そしてその期間にだぶりはするが、敗戦から今日までを、進歩として考え、その先にさらなる進歩を想定して教育プログラムをつくるのではなくて、明治以前の状況の教育がのこしたものを、今日の自分にひきよせる必要がある。

私が理解できる英語教育をとってみても、この一三〇年の学校の英語教育は失敗だった。戦前に一八年の英語教育をうけて大学英文科を卒業しても、英語をはなし、きき、書き、読む力を養われていないのが普通で、海外諸国でこれだけの年数をかけた学校英語教育では他に似た例を見つけることがむずかしい。

江戸時代末期の一四歳の漁師万次郎がどのようにして英語を習得して日本にもどったかをたどるならば、ここには、明治国家の中で制度として用意された、入学試験で落とすためのフルイとして設置された英語教育ではない英語教育が、成果をあげている。この成果に、明治以後の学校教育は、敗戦以後にいたっても、まなぶことはなかった。(21)

R・P・ドーアや高橋敏が実証的に研究した寺子屋や塾の歴史をたどっても、そこからまなぶべきことは多い。しかし、大正、昭和、平成の学校はそこからまなぼうとする心組みをもっていない。

これから、バブル景気末につくられた欲求のリストを手なおしして、新しく優先順位をつけることによって、自分にとって大切なものを追い求め、保つという習慣をつくってゆくとすれば、現在のぜいたくを自分の体験としてもっていない時代に生まれそだった子どもたちの時代には、新しい生活の規準ができるだろう。

そのような価値の再構築は、教育のたてなおしと平行して進むほかないし、その両者の相互浸透が当然におこる。年月のかかるそのような変化がおこる前に、政府から、文部省から、学校から、教師から、親から、新しい価値観を子どもに説いても、効果があるとは思われない、しかし、ウィリアム・エムプスンの戦中の詩をひくとすれば、

The heart of standing is you cannot fly.

今ここに立つ勇気は、あなたがとべないと自覚することにある。(22)

六　国家への服従と不服従

自己(誰かの自己)の側から教育のことを見てゆくとしても、それは自己の崩壊という局面に行きあたるとともに、国家による教育の統制という局面に行きあたる。

私の受けた教育にそうて見るとしても、はじめに大日本帝国の国定教科書が小学校で使われ、やがてその国定教科書に一九三〇年代の戦争がかぶってきた。私のかよった小学校の校長先生は生徒を軍国主義からかばう努力をした。その訓話は七〇年後の今も、私の中にのこっている。しかし、中学に入ると、そのかばう力はなくなって、軍国の統制は学校の授業の中に公然と入ってきた。

アメリカで受けた教育には、一九三〇年代の末期、学校に国旗も国歌も入ってこなかったが、日米開戦後、連邦警察による逮捕という形でアメリカの国家権力が留学生の私を拘束した。だが、ハーヴァード大学は、アメリカの国家よりも一四〇年古くからあるものの視点を守って、牢獄にいる私に卒業免状をあたえた。

交換船で日本にもどると、国家による統制は社会生活の隅々にまで及んでおり、その中でさらに強い統制のある軍隊に自分をおいてからは、自分の言動が当時の国家に強制されていた。眠りと夢とさまざまの肉体反射の中にわずかに、国家統制外の思想を託することができた。

敗戦とアメリカの占領は、それまでの日本国家による私生活への介入から自分を自由にしたが、自分の入った編集室で、最初の雑誌の自分の論文が、占領軍の検閲の対象となった。それは「言葉のお守り的使用法について」という前にふれた論文で、私が拘束されていたメリランド州のメリランド大学のプランゲ文庫に今も削除された部分の痕跡をふくめてのこっている。

占領の終了後も、アメリカの国家による統制はのこっており、アメリカの国家にそう形で日本国家の国家主義が再現した。今あらわれたのは君が代と日の丸を強制して、アメリカ服従をしいるという新しい形である。

このように、私の同時代史の中で、教育に国家はさまざまの形で介入してきた。

国家による教育の統制は当然という考え方は、一九世紀のヨーロッパにはあり、その考え方を明治国家は自分のものとし、大正、昭和をへて、平成に及んだ。二〇世紀は、それぞれの個人が国家主権を批判することを許さず、国民からの批判だけを認めて動いてゆくという制度をよしとした時代であり、第一次世界大戦はそのほころびを明らかにした。バートランド・ラッセルは、そのとき、各国で使われている教科書を同時に、それぞれの国の学校で生徒に見せて教える方法を提案したが、彼の提案を受け入れる学校はなかった。そして、全体主義がヨーロッパと日本におこり、ドイツによるユダヤ人絶滅政策、ジプシー(ロマニ)絶滅政策が教育に影をおとす。日本国による朝鮮人強制連行と中国人強制連行は、学校教育からまったくかくされていた。戦後になって、民間の在日朝鮮人朴慶植が克明に史料をあつめて著作とし、それが学校教科書にものこされるということになったばかりである。中国大陸における中国人の虐殺や海外各地における軍の慰安施設の事実も、十五年戦争の中で公然と語られていたにもかかわらず、敗戦後も長く見すごされていて、ようやく日の目を見たばかりであり、今では、中学・高校の教科書にのりはじめた。

教育は世界のどこでも国家の統制の下におかれるのが当然なのか?

第二次世界大戦下の国家の教育に対する介入の形から考えてゆくのが、有効である。そのときの国家の教育への介入の仕方を、批判なしに受け入れることは、私には認めがたい。

国家による統制手段が進んだ二〇世紀では、一九世紀に成立した国民国家という形は惨害をもたらした。国家主権に対する個人による批判が、必要である。まず国家主権の無制限の行使がもたらした不幸をまっすぐに見ることが、教育にとって必要である。同時に国家の介入を制限する手段がまだ十分にないという事実を認めることも必要であろう。敗戦直後に連合国による戦争裁判があり、文明による非文明の裁きだという宣伝が法廷でなされた。半世紀後の今日、この宣伝を、そのまま教育にひきうつすことは難しい。しかし、この裁判のなかでも、数人の連合国判事は異議をのべ、少数意見をのこした。最年少の判事は、半世紀後に東京にもどり、戦争裁判の原則を認めながらも、不服従の根拠を言明している。(23)

不服従はどのようにしてなしうるか。インドのガンジーによる塩の行進のように、何十万規模の不服従の運動が英国支配下のインドでなされ、支配国であるイギリスの人びとにつよい共感をよびさました例がある。

自分たちの所属する国家の政策に対する不服従は、困難をともなう。しかしこのことがなければ、戦争への手控えは事実上、ありえない。学校内と学校外とを問わず、この教育がなされる必要がある。それが日本国の文部省によって公認され、教室で教えられる日を待つことはない。この戦争はよくないとひとりが判断すれば、ひとりは離脱する。そのことがまず生徒個人の心にあらわれるようでありたい。

アメリカがヴェトナムに戦争をしかけたとき、何人かのアメリカ人の心にそのことがうかんだ。アメリカに行ったひとりの日本人の心の中にも、そのことがうかんだ。何人もの日本人もそのことに共感をもった。それは過ぎ去ったことではある。しかし、未来にかかわる。

七　死と生

南京虐殺のときにも、すべての日本兵が、中国人の捕虜虐殺と市民の陵辱に参加したのではない。このとき、捕虜の虐殺をしない、女性を強姦しないときめて動こうとしなかった兵を、これからの日本人の理想としたいと海老坂武は述べた。小学校の教室でそういう話題をとりあげることができるようでありたい。

もうろくの中に沈みかかるときにあらわれる自力の行動は、戦時の大衆感情の中で自分は虐殺にくわわらないという個人の行動に似ている。妻をなぐる行動は、家庭の中で子どもに未来を植えつける。強姦殺人犯ペーター・キュルテンは、父が妻を強姦し娘たちを強姦する家庭の中に育った。

もうろくの中で、自分を支える思想を求める自己教育をしたい。言葉による教育をこえて、自分の中に反射としてのこるようなしぐさによる教育が必要だ。自分をとりまく社会から、くりかえし自分の中に流れて入ってくる疑問とのとりくみも大切だ。

それは、学校でもできるだろう。近所のつきあいでもありうる。だが、言葉のないところにすでにある家庭、あるいは、父母との、さらにその他との関係をとおして、それは私たちにつたわる。

終わりにのこるものは、まなざしであり、その他のわずかのしぐさである。

私は自分の父と仲がよかったとは言えない。しかし晩年、脳軟化症で一四年間ことばを失ってねたきりになった彼には、脱帽する。そのあいだ、彼はつねにまわりのものに感謝し、明るい気分をたもち、死にむかって入っていった。常時接触すると、こちらの話につねにまなざしと身ぶりで、肯定・否定の意志をつたえ、禅宗で葬儀をするようにと遺言状に書いてあったものをキリスト教クエイカー派に変えるようにということだった。クエイカー派に変えるということは、中年以後の彼の政治行動からはなれる決断だった。

母は、臨終でまわりのものひとりひとりに感謝し、自分の人生に感謝して死んだ。柳宗悦の妹の今村千枝子が臨終にさいして、六人の子どものひとりひとりにあいさつするのを描いた「妹の死」(一九二一年)を思った。明治生まれの女性は、このように死に対する作法をおさないときから心得ているのかもしれない。アリエスが、ヨーロッパ人の死に方の歴史を書いたものにも、家族に見まもられて自宅で死ぬ作法が近代以前にあったことが描かれている。日本にも、明治以前の文化に、辞世の伝統がのこされている。それは、戦後の経済復興の中でうしなわれた。

二度の世界大戦と原爆投下は、人間の死滅を、私たちの想像力の中にあらわした。人間は他の動物とおなじく、どこまでも生きつづけるものではない。果たして生きつづけることに意味はあるのかと問うことは正当な問いである。

殺人と自殺とが、好景気の日本で登場してきたのに対して、生徒と親とが眼をつぶることはない。

私の息子が愛読している『生きることの意味』の著者高史明の息子岡真史が自殺した。

『生きることの意味』を読んだのは、私の息子が小学校四年生のときで、岡真史(一四歳)の自殺は、その後二年たって彼が小学校六年生くらいのときだったろう。彼は動揺して私のところに来て、

「おとうさん、自殺をしてもいいのか？」

とたずねた。私の答は、

「してもいい。二つのときにだ。戦争にひきだされて敵を殺せと命令された場合、敵を殺したくなかったら、自殺したらいい。君は男だから、女を強姦したくなったら、

その前に首をくって死んだらいい。」

そのときの他に、彼と男女のことについてはなしたことがない。私は自分で、男女のことについて、こうしたらいいという自信をもっていないからだ。

私は中年まで、自分は子どもをもたないと決断してきた。考えが変わって、子どもをもってから、彼に、君は自ら望んで生まれてきたわけではないから、君はおれを殺していいと言ってきた。

なぜ人を殺してはいけないかと、まっすぐに子どもが言ってきたら、私はどう答えるか。[24]

自分で決断する他ない。私は、自分を殺しに来るものがいたら(自分の子どもが私を殺しに来る以外は)逃げる。彼を殺そうとはしない。そのために自分が殺されるとしたら、自分の問題の解き方としては、成功と思う。

もし、誰かが他の誰かを殺そうとしたら、私がその殺人者をさまたげるのに有利な場所にいるならば、殺人者の意図をさまたげるだろうし、そのために彼を殺すことになっても悔いはない。

しかし、根本的に、なぜ人を殺してはいけないか。

それは、自分で考えてえらぶ他ない。君が人を殺したいと思ったら、殺したあとどうなるかと考えてみて、それが自分に不利な結果をもたらすとして、それを受けいれる覚悟はできているか、と反論しよう。覚悟ができているならば、なるべく、そういう君とはつきあわない。他の人にも、君を警戒するようにすすめるつもりだ。

自殺したいと相談に来る人についても、私は自殺するのがいいとも、悪いとも言えない。なぜ自殺したいかをゆっくりときくことにする。それでも、自殺したいなら、あとで考えを変えるかもしれないから、すこしのばしてみたらと言う。それは、親問題をのこしたままの子問題へのすりかえである。

殺人はいけないか。自殺はいけないか。この問題について、科学による答はない。『アインシュタイン語録』から引けば、彼は科学の研究に従事するとき、それが道徳的にどういう価値があるかを考えたことがないそうだ。『晩年に思う』で彼は、よいことをしようという判断は、科学からくるものではなくて、よい伝統によって感情をそだてられたということから来ると書いた。

これからも、人口がふえて地球上のくらしが苦しくなるにつれて、人生は生きるにあたいするかという問題は、くりかえし人間をとらえるだろう。「死のう団」や「人民寺院」のような集団自殺を目標とする宗教運動はおこるだろう。アインシュタインはそれをよい伝統と思うだろうか。科学には答はない。教師はそれを知って、この問題をいだいている生徒に、自分自身がどう生きているかをもって対するのが適切だ。

私は、自分の育った経験から、教育について痛みからの定義を書いてきた。それは十分ではない。敗戦後に、山形県の苦しい生活状況の中で中学校教師だった無着成恭は、この先生とともに学校にいるよろこびを生徒たちにわかちあたえた。「山びこ学校」という記録からそのことがうかがえる。

無着の教育観は、敗戦直後も今も変わっていない。敗戦から遠く、経済大国になった日本が無着の教育方針を受けいれなくなっただけである。彼は今も千葉県で一鍬山福泉寺の住職をつとめ、点数で人を評価するのに反対して「点廃連」という運動をつづけている。

日本が好景気に入って、そろそろしらけの気分に少年がとらわれたころ、小田実は、

『何でも見てやろう』を書き、ベ平連をおこして、まわりに集まってくる少年少女に、ただばたらきのたのしみを伝染させた。

軽い準備で世界を旅するライフスタイルを世に先がけて切りひらき、三〇そこそこで全集を出した男がおしげもなく反戦運動に金を出し、一緒にいると、ビフテキを二つ目を食ってポケットに金が足りないのでおどろいている。こういう人を目撃できることが少年に影響をあたえた。

ベ平連はひとつの教育運動であって、それは教育について、小田実という実在の人間をとおして、少年を動かした。自分自身をはっきり前に出してこたえる他ない。それが殺人と自殺に対するまともな方法である。

八　主権国家のほころび

今の世界の組織の形はそれほどいいものではない。今の形(たとえば主権国家)を批判の外におき、主権国家の秩序を生徒におおいかぶせるという教育方法を、私は批判したい。教育勅語には私も支持したい徳目も書いてあるが、それを政府が天皇の名において国民にさげわたすという形式が、人間の自由を傷つける。今の国会できまった君が代の法制化はそれに近づくことではないか？　敗戦直後に、教師にさえ見えていたはずの、この自分たちの教育思想のほころびを、国家と国民に金ができたからという理由で、もう一度、戦前の日本国家のいたけだかな姿にもどして教育してゆくという現状が、長つづきするとは思えない。いつまでつづくかは私には明言できないが、日本の国にバブル景気がもどってくるとは思えないし、事実上の宗主国であるアメリカの方向をつねに受けいれてついてゆくとしても、そのアメリカは長い国境線をメキシコと共有することによってラテンアメリカと地つづきであり、そこから入ってくる人口の増加で、英語をはなさない人口が大きくなっている。アメリカのライフスタイルの世界への普及もまた、二〇世紀の延長線上につづいて行くとは考えられない。

長い年月を前において考えるならば、日本の教育は、明治国家の方向にもどることもできないし、アメリカの方向にとりかえることもできない。過去と、現在の必要に応じて、まなびなおすことが、手がたい未来計画と私には思える。景気の沈下に応じて明治以前の教育を、今日の工夫をくわえてとりもどすことが、よいことと思える。万次郎のアメリカ語習得は、明治以後の学校英語よりも、未来への刺激にとんでいる。

国民主権国家という形のほころびを学校の教室でもはっきり見せたほうがいい。それが現在および未来の問題なのだから。それを生徒が口にするとき、教師がマニュアルどおりでなく、一緒に考えるようでありたい。国民というかたまりが、コンクリートのように隙間のないものにすることをどうしたらさけることができるか。それが、今の教育の問題だ。

しばらく前までお札に刷ってあった伊藤博文の姿が、韓国人にとって日韓併合後のおぞましい日々を連想することに、日本国民で気づいた人は少ない。反対に「安重根」という名前が日本国民にとってはテロリスト、韓国人にとっては愛国者であるという、国民というかたまり相互のあいだにある相違に気づくことも少ない。(25)

ヴェトナムへのアメリカの攻撃に反対して起こした反戦運動の中で、ヴェトナム行きを命じられた韓国軍兵長金東希が、日本にいる親戚と日本国不戦憲法をたよって亡命してきたことがあった。彼は逮捕されて北九州の大村収容所におくられた。それまで私は、大村収容所というものの存在を知らなかった。日本への密航者のうち、日本の旧植民地出身のものだけを強制収容する施設だった。これまでアメリカに対する抗議を力にしていた反戦運動から派生して、大村収容所廃止を目的とする運動が生まれ、『朝鮮人』という雑誌を出しつづけ、やがて大村収容所が、旧植民地出身者だけを対象とする場所になることをやめた時に、終刊となった。この雑誌の中心となったのは、飯沼二郎で、二〇号にたっしたときに私が引きついだ。朝鮮・韓国のことを、私はあまり考えてこなかったが、このときから韓国語を勉強するようになった。年をとりすぎていて、これを身につけるにはいたらなかったが、自分が、これまで自分で考えていたほどかしこくないことを知ったことが教育効果となった。飯沼さんは、在日朝鮮人についての勉強をつづけ、この関連の講座をおこし、在日韓国人・朝鮮人が差別されて正規の大学教員になれないでいる状況に変革をもたらした。これらの行動が、私には教育となった。子どものころ、朝鮮人のはなす日本語をおかしく感じたが、自分が朝鮮語をまなんで失敗をおかすことをとおして、もはや、朝鮮風の日本語をおかしく感じることがなくなった。また、金達寿、高史明、金時鐘、金泰生、金石範、宗秋月、金纓、姜在彦など、日本語で書いているすぐれた在日朝鮮人とのつきあいを、この小雑誌の編集者としてもつことをとおして、日本語文学の世界が、日本人の書く作品の世界よりもひろいものであることを感じた。主権国家の考えの中に前提としてふくまれる国民というかたまりに、このようにして少しずつ隙間ができてくる。

ふりかえってみると、草津の療養所の中にあった祖母と孫とのロマノフ王朝文化は、日本の国民国家の中にあった、別の国であり、このようにして、世界の国々の中に、入れ子のように別の国がある。

私が主権国家の恩を受けていることはたしかだ。しかしその故に、国家のしばりをつよく受ける教育に賛成する必要はない。国家の批判をする力をもつ人間が育つ場所として教育があるほうがいい。

私が子どものころ愛読した『出家とその弟子』の著者倉田百三が、一九三〇年代には『祖国への愛と認識』をあらわして、(そのころ中国侵略をつづけていた)日本国の批判をするなら、日本国の外に出てゆき、外国語で講義しろ、できないだろうと、経済学者河合栄治郎を非難しているのを少年として読んで、大正期の絶対平和主義はこのように根が浅いのかとおどろいた。一九三〇年代の河合栄治郎が、イギリスかあるいはアメリカにおもむいて、経済学の講義をそこの大学でおこなってくらしをたてることは事実としてできなかったろう。しかしその事実をこのように解釈する思想を少年の私は受けいれることができなかった。倉田百三のこのような感じ方と考え方は、経済大国としてたちなおった日本にもそのまま広くおこなわれている。私は、日本人が外国語をおぼえる必要はとくにないと思う。外国語のできる日本人が国際人だということはない。日常の日本語を使って考えていって、日本国家を批判するすじ道をさがしたい。そのすじ道を、今の学校教育は用意しているのか、親切にしてもらったら、ありがとうと言う、その日本語だけで十分で、それが主権国家を批判する道をひらく。

九　子どもは自分の父

「主権国家」というような、普通でない言葉でしか、教育の批判ができないのが残念だ。大学というところは、日常の言葉から切りはなされた言葉のセットを学生にあたえる。ヨーロッパの学術語が、二千年前のギリシャ人、ローマ人の日常の言葉をゆっくりとにつめて学術語をつくったために、欧米人にとっては学術語の中にかすかに、日常のしぐさの手ざわりがのこっている。それに、これから二千年かけて日本人が追いつくというのは、むずかしいが、大学の改革にもさまざまの工夫があってよい。

アメリカの大学にいた一年生のとき、ロバート・フロストが、そのときのレジデント・ポエット(在校詩人)として、ハーヴァードにいた。いくつもの講義をもっているわけではなく、お茶の会があるときにそこにいて学生とはなしたりしていた。一年生の私も、フロストと、あれこれ雑談したことがあり、彼の身ぶり、英語の間のとり方は、ぼんやりと今も私の中にのこっている。フロストがどのように自分の詩を読んだかを、私はそのころの彼の詩を読んで感じることができた。こういうことが、大学の教育効果としてある。

もし、たとえば京都大学にレジデント・ポエットとして、(私のつきあいの中で知っている人から考えれば)、中学卒業以後旋盤工としてはたらいてきた詩人鈴木金雪や、小学校卒業以後紙芝居作者としてはたらいてきた加太こうじに一年いてもらうようにすれば、学生はお茶の会の雑談をとおして、大学などとおらなくとも、どれほどの見識をもつことができるか、どれほどその見識を日常の日本語でどれほどあざやかに表現できるかを知ることができて、自己教育の参考にできるだろう。(26)

ある日、「家の会」というサークルで、独学という主題で雑談をした。大学では準備してどういうふうに独学ができるかという話をした。そのあとに、大学出ではない鈴木金雪が、

「ぼくにとって独学とはコーヒー屋だね」

と言った。旋盤工としての仕事をおえて、まっすぐ家にかえるのではなく、コーヒー屋で少しの時間すごす。すると、峠でしばらく立ちどまっているように、工場の時間と家庭の時間の両方を見わたすことができる。その時間のつみかさねが、彼の社会像をつくっていた。

「独学」は「コーヒー屋」という定義の独自性が、彼の方法だった。

男女のことは、教育である。子どものころから、それがどういうふうに自分を教育したかは、ここに書かない。(27)

井上達夫『共生の作法』としての会話の形とおなじく、男女のつきあいはつねに未完の形でつづく相互への影響である。(28)

ある日、「結婚というのは何だろうね」と評論家的に言ったところが妻から、

「これだと思う」

とかえされて、私は自分のえらんだ哲学の流派の、自分のきめた方法によって、リングの上に倒された。その現場から考えてゆく、という自分の規則を、慣れによって自分でやぶることがあるという教訓である。

親子であることもまた教育である。

The Child is father of the Man.

「空に虹を見るときいつも私の心はときめく」にはじまるこのワズワースの無題の詩の一行を、若いころは、おそらく作者がそう解していたように、子どものころの自分の心情は、老人になっても自分の心にのこる、と解してきたが、自分自身が老人になると、別の意味をここに託するようになった。自分の子どもは、自分の父であるという解釈である。

私の小学校の同級生に北島基子さんがいて、九〇歳をこえた母親とともにくらしていたが、その母親をみとってから、自分の子どものようだったと言っていた。この人との七〇年をこえるつきあいから彼女の人柄を知っていると、その言葉をしっかりと受けとめることができた。そのようなみとりをできる場合にも、できない場合にも、子どもとの関係は二方向にはたらくもので、子どもが自分を自分の親として教育することがある。人間の歴史としてくりかえしおこることだろう。

死ぬこととの準備までを自己教育とし、人間の絶滅までを見すえて自己教育の中にいれる。とすれば、もうろくの中にすでにふみこんでいる私は、もうろくをくみこんで、今これからの自己教育の計画をたてることが必要だ。(29)

その自己教育の計画が、私の他に、参考になるかどうか、心もとないが、この全体を導く、考えはじめのときにおいた道しるべ(こざかしく言えば、措定)を、終わりに書く。

一　くらしそのものは、くらしの意識より大きい。そしてもっと重大なものを含んでいる。私自身のくらしは、私の考えをこえる重さをもつ。

二　記録にのこるわずかの数の個人を越える偉大な個人が人間の総体にいる。人間の総体は、どんな偉大な個人より偉大である。

三　専門の思想家の仕事をこえる仕事が、専門の思想家外の人の仕事にはある。教育専門家以外の人たちによって大切な教育がこれまでになされてきたし、今もなされている。

これらの措定を実証することは私にはできない。しかし、これらの措定を捨てる必要を認めるところまで、私はまだ来ていない。

注

（1）今井美沙子『耳日記』ビレッジプレス、一九九七年。
（2）市井三郎『歴史の進歩とはなにか』岩波新書、一九七一年。
（3）ピアズ・ポール・リード、永井淳訳『生存者——アンデス山中の七〇日』平凡社、一九七四年。Piers Paul Read, *Alive: The Story of the Andes Survivors*, J. B. Lippincott, 1974.
（4）『澤村光博詩集』土曜美術社、一九八六年。
（5）シオドーラ・クローバー、行方昭夫訳『イシ——北米最後の野生インディアン』岩波現代文庫、二〇〇三年。Theodora Kroeber, *ISHI In Two Worlds*, University of California Press, 1961.
（6）加藤典洋『敗戦後論』講談社、一九九七年。
（7）宮本常一『忘れられた日本人』岩波文庫、一九八四年。
（8）帰謬法と帰真法。小学校の教育の中での先生と生徒の関係の型として、この二つがある。先生が自分の心にひとつの問題へのひとつの正しい答をかたく保ったままで回答をすると、生徒の答についてその言葉じりをとらえて、まちがった命題のほうに追いこむことになりやすい。これに対して、生徒の答の中から、別の問題への芽ばえを感じとり、その別の問題への答を見出して問題をつづけるという別の道すじがある。

おそらく、この小学校第一時間目の算数の授業をうけもった年輩の先生は、帰真法のきき方を自分の中にもっていた。

橋川文三は、戦時下に右翼の思想家保田与重郎に心酔しており、戦後には共産党に入ったが、保田の教えの中にあるものを貴重なものとして自分の中に保ちつづけた。そのひとつが、保田によれば、昔の日本人は、よくきくという習慣をもっていたということである。相手が、言葉じりをとらえればまちがっていると追いこめるところでも、自分の心でおぎなって、よき教えとしてききとるというやりかただという。それは、悪く用いられれば、日本の政治言語の「玉虫色」の悪い文章にしての受け答えということになり、英語におとった日本語というとらえかたになるのだが、この一例を見ても、帰真法のやりとりが教育において、帰謬法にくらべてつねにおとっているとは言えない。

生まれたての赤ん坊と母親のやりとりには、帰真法(と私がここで定義したもの)がはたらく。もしここで、帰謬法がはじめからはたらくとしたら、私の成長過程のようでいびつなものになる。六歳をこえて学校に入ってから教師が帰謬法を一貫して生徒に用いるとすると、学齢前の母と子の関係におけるように、壊滅的な打撃とはならないだろうが、相当のいびつな影響をのこすことになるだろう。右であれ左であれ、大学成績のよい青年でなければ、小・中の教育職につく資格がないというのは、教育者養成に適当とは思えない。子どもが好きだというのが、大学の成績より前に来るのが当然と思う。①必要に応じた明晰、②成長のゆとりをのこすあいまい、その二つの理想の共有がのぞましい。

亀村五郎編、東君平絵『こどものひろば』(福音館書店、一九八三年)には、風呂からあがったので、みみ(一歳位)がシッカロールをかけてもらって言う。

なあひきの　こやぎよ
おおたにだあ
わおお

この言葉に母親の野崎栄子(福島県いわき市)が帰謬法をもって対したらどうなるだろう。もうろくに入ってゆく老人に対しても、それに対する人が帰謬法をもって対するか、帰真法をもって対するかで、対話はちがってくる。おそらく、日本の伝統に対する道すじも。

(9)　真理はひとつ、これだ、と言って自分の中にあるものを示す説き方に、私はうたがいをもつ。そのことは、論理学から考えてみても、言えることだ。言葉と言葉のさし示すものを区別するという、意味論(セマンティクス)のすじ道である。タルスキの『真理の概念』から引くならば(固有名詞をかえて)、「『東京駅は東京にある』という命題は真である、もし東京駅が東京にあるならば」という形で、その条件を示すことができる。コトバとモノの区別は、小学校から、教育でとらえられているほうがいい。

しかし、論理の問題をこえて、世界の見方として、真理はひとつで今私(教師でも)の言ったこれだけしかないという見方を、私はとらない。むしろ、さまざまの考え方を成長するにまかせて、枝分かれしてゆくのを見守ってゆくほうをとりたい。この枝分かれは、プロリフェレイション(proliferation)として私の心に長くあったものだが、戦後のこのコトバの使われかたからすると、核拡散という意味になって、いい言葉ではなくなった。このことは、大江健三郎に教えられた。だからあえてこの言葉にこだわらず、「枝分かれ」という言葉でとおしたい。

これは、キリスト教モデルから区別される道教モデルに近い。キリスト教モデルであっても、コトバとモノを区別するとなじむ論理学はあり得るので、別に、確証もなしにキリスト教モデルからはなれることが必要だと言うことはしない。キリスト教モデルをとりいれた明治国家の流儀(それは明治以後の教育にしみこむ)よりも、明治以前の民俗習慣、さらには日本書紀、古事記、風土記からうかがえる神道のほうが、私の考える世界観になじむ。二百年前の習慣をふりかえって今にとりもどすという、過去をとおして未来へという考え方のよりどころである。

(10) 福島新吾『『転向』『非転向』の間』『時代との対話』西田書店、一九九八年。このエッセイの初出は『八田元夫・未だ今日の方が・プログラム』一九六五年。

(11)　宮崎芳三『太平洋戦争と英文学者』研究社出版、一九九九年。著者は一九二五年うまれの書誌学者であり、数知れぬ紀要に目をとおして、現在七五歳。戦前・戦中・戦後の文学研究者の論文に、なぜ自分が英語を使い、英語を教えているかの問題がないことに注目した。(私の言葉で言えば、親問題からきりはなされている。)福原麟太郎、中野好夫、織田正信、寿岳文章、土居光知、喜安璡太郎など、数人の例外をあげてはいるが、その人びとと比較して小さい母体である中国文化研究者から、中国と不当なたたかいをたたかっている自分(たち)が中国語を使って中国文学を研究していることの悩みを感じて、中国文学研究会が竹内好、武田泰淳、増田渉などを中心として日中戦争下にあらわれた。

戦中もそうだし、敗戦後、占領下にも、英語をまなび、教えることは、英文学者、英語教師にとって自分自身の態度を明らかにすることを必要とされるきわめて挑戦的な仕事だった。その側面が、ようやくこの著書をとおしてあきらかになった。

(12)　もっとくわしくは、木村聖哉・鶴見俊輔『「むすびの家」物語——ワークキャンプに賭けた青春群像』岩波書店、一九九七年。

(13)　西田幾多郎「明治二十四、五年頃の東京文科大学選科」『西田幾多郎随筆集』岩波文庫、一九九六年。

(14)　C・S・パース「いかにしてわれらの考えをはっきりさせるか」『ポピュラー・サイエ

ンス・マンスリー』一八七八年一二月号。

(15) 一九六〇年六月の安保強行採決反対の市民運動「声なき声の会」は、当時の運動を推進してたおれた女子学生樺美智子を追悼して、毎年六月一五日にあつまって国会正面門に花をささげる。月例のあつまりとともに、「声なき声のたより」という小冊子を出して九四号に至っている。中心は小林トミ。私が注目するのは、四〇年前にあつまった二〇歳前後の人たちが、今も六〇歳になってこの場所に来ることをつづけている意地のつよさだけにではない。この人たちが、今のもっと若い人たちを、世代のくぎり目ごとに新しくひきよせてくるだけの魅力をもっていないという事実を忘れないようにしたい。そのことにおどろいているわけでもない。一九六〇年の強行採決反対のときに、すでに四〇歳をこえていた人、個人としては、本多立太郎(八五歳)と望月寿美子(八八歳)が列にくわわり、今もこの会と連携をたもち、たよりに書きつづけていることだ。

望月さんは麻布十番のお店の主婦だった。この人が、三里塚の人びとにくわわって、空港反対の支援をし、たよりに子どものころからの記録を書いている。

本多さんは、七二歳のときに思いたって、自分の戦争体験の出前かたりをつづけて六〇〇回を越えた。本多さんにははなしのこつがある。①自分の孫にあたる人に戦争の記憶をのこそうという個人的な動機に支えられているということ。②はなしにきてくれという依頼があれば、相手がひとりでも行ってはなす。そのときに、相手(ひとりでも)の眼を見てはなす。

③自分の出会ったことを自分が見たなりにはなす。抽象論とかお説教はしない。「戦争というものには一つの特質がありまして、事実そのものを語れば、そのままそっくり戦争批判になるという……。」

語りつぐなかで、本多さんは昔のことを今によびもどす方法を手にいれた。その方法で、自分が召集を受けた時のことを『ボレロをききたい』で語り、自分の父親がどういう人だったかを『父を語る』でのべて、二つの小冊子をきき手につくってもらった。二つとも、何度も読みかえしてたのしい実録の民話である。

六〇年安保のとき、本多立太郎は会社の管理職であるために組合動員のデモに入れず、自分の意志で国会周辺まで来て、誰でも入れる「声なき声」のデモに入った。そして四〇年。自分の過去をとらえ、かざりなく語りつたえる方法をゆっくりと工夫した。八〇歳をこえて、成長がある。本多さんより八歳年少の私は、この小冊子によって力づけられた。四〇年つづけてきたこの市民運動は、その場を次の世代にひろげることに成功しているとは言えないが、老人の自己教育の場としては成功している。

(16)　今年(一九九九年)春、中学生とつづけて対話する機会をあたえられた。

その中で、生徒が受けもちの教師に「あなたは、私から何をまなびましたか?」と問い、両親に「あなたたちは、私から何をまなびましたか」と問うことを私はすすめた。

教室は大きいから、受けもちの教師が、ひとりひとりの子どもに、自分で満足のいく答を出すことはむずかしいだろう。しかし、そういう問いを、受けもちのひとりひとりが自分に投げかけ、自分もその問いにこたえる力をもちたいという理想を心の中にもっていたら、教育は変わる。

大学教師だったとき、私がこの問いを自分に出してみて、しっかりこたえられたとは思わない。

前にひいた高橋幸子の例では、この人が自分の生徒であったときにはまったくこんな問題を出してみようともしなかったが、彼女の卒業後一〇年あまりたってから、この問いにこたえることができるようになった。

家庭は、教室よりも小さいから、この問いにこたえることが、親は教師よりもやさしい。今の寺子屋で、ひとりの中学生は、「家庭でまなぶことは何ですか」という問いに、

「バランス」

とこたえたのには、啓発された。

このぐらいのことは言ってもいいだろう、しかしここからは言わないという言葉づかいのバランス。なまけることとまじめでいることのバランス。

さまざまのバランスを、幼児から青年になるまで、人は家庭でまなぶ。（この対話は、京都テレビで一九九九年四月―六月「輪になって話そう」で放送。）

「あなたは、私から何をまなびましたか」と生徒が受けもちの教師に問うとき、かたまり

としての生徒をマニュアルによって教育しようとしている教師は、答えられない。この問題は、中国からひきあげたひとりの生徒と三年間自分の教室において対した教師の記録に逆の光をあてられる。枡本洋幸『教室の小秋《シャオチュウ》』白地社、一九九九年。

(17)　自分の親問題をすてて、かりものの問題とそのつどとりくんでゆく習慣ができると、自分の転向ととりくむ力がおとろえてくる。金達寿『朴達の裁判』は、私たち思想の科学研究会の『共同研究転向』をいわば音楽的に批評し、転向—転向—転向の小きざみの連鎖が、確実な非転向と抵抗の場をつくり得る道を示した。これは、主人公の朴達が、言葉など浮きあがったものとしてとらえて、状況の根本の性格への自分の態度をかえないことから来る。

この小文の脈絡に移して言うならば、朴達は親問題から手をはなすことがなかった。

この見方は、戦後から経済成長の中でおこる転向についても、小学生レヴェルで、親問題から切りはなす教育に、戦後時代の独自の根があるという、分析の視角をつくることができる。高度成長期の転向についてゆくことのできなかった私たちの転向研究に、おくれにおくれて、金達寿はここにひとつの転回をうながす。

(18)　雑誌『母の友』(福音館書店)を私は数十年愛読している。その中のおさない子どものことばを母親が採録したものを、亀村五郎編・東君平絵『こどものひろば』(福音館書店)として、これもまたながく愛読した。ここには、私がここで幼児の親問題としてとりあげたもの(敗戦直後に書いて雑誌『知性』一九四九年七月号に出したものからこの小論ではとっている)と、平行しているさまざまの親問題が出ている。今年になって、かめむらごろう選・イトヒロ絵『おひさまぞろぞろ』(福音館書店、一九九九年)として出版された。

学問上の研究としては、早くはピアジェがあり、波多野勤子、波多野完治の著作がある。他にも近頃の研究があるが、それらの学問上のあつかい(出所の明記と分析)に入ると、本文で私のとりあげた「言葉のお守り的使用法について」とおなじように、手づくりからはなれて行くので、ここでは、その道を追わなかった。

『おひさまぞろぞろ』から採取例を引いてみよう。

こんど
ぼくがうまれたら
ぼくに　きいてね
じぶんのなまえは
ぼくできめるから（四歳）

おかあさん
ぼくが　おきるとね
いつも

きょうになってるんだよ（五歳）

ぼくのからだ　かたいよ
からだのなかに
がいこつがあるからね（四歳）

あたしね
じぶんで　じぶんに
おめでとう　って
いうたん（三歳）

(19) 黒木明弘「ある夫婦」『混沌』三五号、宮崎混沌の会発行、一九九九年六月一日。

(20) アルベルト・ジャコメッティ「なぜ私は彫刻家であるのか——アンドレ・パリノスとの対話」ジャコメッティ著、矢内原伊作・宇佐見英治訳『私の現実』みすず書房、一九七六年。伝記は、ジェイムズ・ロード『ジャコメッティ——伝記』(Lord, J., Giacometti: *A Biography*, Noonday Press, Farrar, Straus & Giroux, New York, 1983)。

(21) 川澄哲夫編著『中浜万次郎集成』(小学館、一九九〇年)はこれまでにあらわれた万次郎資料の集大成であり、近代日本にとって実現しなかったもうひとつの英語教育の道すじをさがしあてるための宝庫である。編者川澄哲夫が江戸時代から今日に至る英語教育資料をひろくあつめて復刻し『英語教育資料』全三巻(大修館)を出したこととあわせて、この資料史の中に万次郎の位置が理解できる。

ふたたび、今度はアメリカに曳航されて世界への航路に就航した日本について、考えを二百年前にひきもどして考え、そこから益するところが多い。

(22) Empson, W., Aubade, *Collected Poems*, A Harvest Book, Harcourt Brace and Company, 1985.

この詩は、「朝の曲」と訳すと、「小夜曲」と対になるものだろう。この詩の中に、おなじ文が四度くりかえされ、詩の終わりには少しちがえて五度目があらわれる。

The heart of standing is we cannot fly.

ここに立つ勇気は、私たちが飛べないと自覚することにある。(意訳)

そのときの戦争とは、満州事変であり、一九三一年である。この事変に、作者は極東に滞留していて出あった。

次に、ミス・ハタケヤマによる詩三篇がウィリアム・エムプスンの注記を経てつづく。

(23) 戦争裁判は、勝者によるさばきであるという点で、批判にあたいする。その欠点の故に、その後、日本で否定的に言及される場合があり、日本へのアメリカ大使たちの演説に引用されることも少ない。しかし、否定されているのではなく、なんとなくあいまいな形で過去の遺産となっている。一九八三年、東京池袋でひらかれた「『東京裁判』国際シンポジウム」は、一九四六―四八年の極東軍事裁判についての公開討論の場であり、その記録は日本語と英語とで出版された(細谷千博、安藤仁介、大沼保昭編『国際シンポジウム・東京裁判を問う』講談社、一九八四年)。

一九四六年最年少の判事だったB・V・A・レーリング(オランダ)は少数意見を出して当時すでに留保つきで賛成をあきらかにした人であり、二四年後ふりかえってこの裁判を回想して、次のところにこの裁判の意味を認めている。

おそらく最も革命的なことは、ニュルンベルク裁判の判決中の次のような点――東京裁判の判決でも同じ見解がみられますが――にあります。すなわち、適用された法の本質は、「個人は、それぞれの国家が課する国内的な服従義務を超越した国際的義務を負っている」という点にあるということであります。

各国政府が無責任な軍国主義に巻き込まれ、人民の集団的意思だけが人類を絶滅から救うことができることがますます明白になっていたことからして、ニュルンベルクと東京の両裁判判決は、今日の超大国の行動に対する告発状となっております。

ジャクソン判事はかつて、「われわれは、われわれ自身に適用することも望まないような犯罪行為の規則を、他の人々に対して制定することは望まない」と述べておりますが、至言であります。もしわれわれがそういう考えを生かし続けることができるならば、戦後の二大裁判は、平和の探求に真に役立つものにちがいありません。

不当だと考えられる戦争への参加を拒絶する義務を個人が負っているという解釈である。それは、現在、米国と日本をふくむさまざまの国が、国家主権をまもるために、ぼやかそうと努力している戦争裁判の意味である。

(24) この本の中で、神戸殺人の中に想像力をもって入ってゆくことはできなかった。だが、反転して自分の中に、物語として入ってゆくと、零歳から巨人の母親と対して来たなかで、正義は母親から私の内部に植えつけられている原理であり、自分の内部から自分を追いつめることになる。ほとんど生きる場がなくなった時、自分をふりおこして自由を得る。自分は何でもできるのだという衝動の解放である。自分は悪い、そして悪人として自由に生きたい。ここまでは、私の内部の物語として、ひとつながりの感情の伝説として自分の中に今もある。

この物語の形と、神戸の少年のつくった物語とは、異種同型(イソモルフ)であり、たがいに交錯するところがある。その異種同型の物語を、どのように自分の中でかたりついできたかという症例を、この本に書いた。それ以上接点を見いだしにくい。

私には、神戸事件の中学生の内部に入って、そこから想像力をはたらかすことができない。読んだ本で、私より三〇歳若い人は、別の道からこの地点に近づいている。村瀬学『13歳論』(洋泉社、一九九九年)。

この著者は、一三歳を境界の年齢ととらえる。ファン・ヘネップのつたえるアフリカの加入儀式では、子どもが成人へとかわるときに、一度死んで、新しい自分をうむ儀式が社会によっておこなわれる。森への隠遁、笞打ち、椰子酒による酩酊、身体の部分の切開、身体の色ぬり、見習い中ははだかでいる。やがて再生への儀式。赤ん坊から、人間の行動をならいなおす。

私たちの近代では、自動的にライセンスをわたす。

明治以後の文学をたどって、これまで子どもが、一人前の世界に入ってゆくことをせまられたとき、何をしたかを、著者はたどっている。さまざまの智恵が、もはや外部から加入儀式をもたらされていたからで、少年・少女によって工夫されている例があげられる。樋口一葉「たけくらべ」、森鷗外「最後の一句」、「山椒太夫」、谷崎潤一郎「小さな王国」、室生犀星「幼年時代」、江戸川乱歩「怪人二十面相」、乙骨淑子「十三歳の夏」。社会全体が大人への加入儀式を廃止したとき、少年、少女自身が、むずかしいながら、自分の工夫をこらしてきた。

「もしボクが生まれたときからボクのままであればわざわざ切断した頭部を中学校の正門に放置するなどという行動はとらないであろう。」

著者の、「酒鬼薔薇聖斗」文の読みときは日本近代の文学の苦闘の線上でとらえると、新しい光を帯びてくる。

(25) 日本国・外国についての教育はむずかしい。今、外国というとアメリカ、外国人というとアメリカ人という連想が、ひろくこの国でおこなわれている。一九二〇年代うまれの私は、そのすれすれのところにいた。

その連想がかわったのは、おそく私にとっては四〇歳をこえて、一九六五年にヴェトナム反戦運動にくわわってからである。韓国がアメリカに加勢してヴェトナムに軍隊をおくり、おくられるものの中から金東希が、平和憲法をたよって日本に脱走してからのことである。金東希は日本警察につかまり、大村収容所におくられた。金東希がつかまったという記事は、新聞に出て、私は学生から、その支援をするのがヴェトナム反戦運動から見て当然ではないかという電報をもらった。獄中の金東希から手紙が来て、彼との連絡がとれるようになり、京都選出の代議士田中伊三次(自民党)が法務大臣で、大西良慶が管長をつとめる清水寺の檀家総代であることもあって、大西良慶の積極的支援をうけて、本人にとって最悪の可能性である韓国おくりはさけられた。日本在留は許されなかったが、本人の次善として希望した北朝鮮おくりとなった。この間に、金東希のはなしを文書にして外部の私たちとむすびつけていた任賜均がその後腎臓摘出手術を大村収容所外で受け、ふたたび収容されそうになったときに、反対運動を飯沼二郎らがおこし、そこから、『朝鮮人――大村収容所を廃止するために』という雑誌がはじまった。旧植民地の朝鮮、台湾からの密入国者だけを、収容する施設(大村収容所)があることを、私(たち)は、ヴェトナム反戦運動をとおしてはじめて知った。このような施設があったのは、敗戦のとき、占領軍がワシントンの中央政府から旧植民地の人に対する処置の指令をうけなかったことから来る。そのため敗戦までの日本の官僚の朝鮮人・台湾人に対するあつかいがそのままのこった。

この雑誌をつくるなかで、はじめは飯沼二郎ただひとり、後には須田剋太、大沢眞一郎、小野誠之、落合尚郎、土倉九三、飯沼文夫人、私および私の妻横山貞子らも、無料の表紙紙制作、編集、速記おこし、書店への配布、購読者への郵送、全部を合計二一年、つづけた。その間に、座談に協力していただいた鄭敬謨、金達寿、朴慶植、姜在彦、李進熙、時鐘、金石範、鄭詔文、鄭貴文、韓哲曦、金泰生、宗秋月、高史明、金纓など、多くの在日朝鮮人、韓国人と直接にゆっくりはなすことができた。それと同時に、韓国語も勉強しようと梁永厚という良師を得て数年、出張教授をしていただいたが、これはものにならなかった。しかし、二一年間にわたるこの交流と努力が、私に対する教育となった。最終的には、大村収容所が、旧日本植民地の人民に対する収容所ではなくなったことのわかった一九九一年に、二七号を出して、この雑誌は終わった。この運動は、京都市における君が代斉唱強制反対の運動にうけつがれる。在日朝鮮人・韓国人の子どもと両親に君が代斉唱を強制することは不当と思うので。

(26) 東京の外から東京に移ってきた少年・少女が、東京にながく住むうちに、東京の時間になれてゆくのを見ることがある。東京そだちの子どもが、お母さんから一番よくきくことばは、「はやく」だそうである(真木悠介『時間の比較社会学』岩波書店、一九八一年)。

熊本―京都をへて東京に移った木村聖哉は、若い埴谷雄高のように、友人の死のみとりをしっかりして、自分の中に別の時間を保ってきた。

『冷蔵庫往復書簡』を今まで、一〇年かかって発行してきた。その本の題は、『アリランの歌』の著者ニム・ウェイルズからとったものだそうで、彼女が、売れるあてのない原稿を一冊分あげると、電源からひきぬいた冷蔵庫にいれて保存しておく習慣だったのを受けついだという。

手紙の相手の麻生芳伸、東京うまれ、東京そだちだが、落語へのつよい愛着から、江戸のまあいを自分のものとし、別の時間を自分にもって東京にくらしている(『冷蔵庫』I―V、紅ファクトリ、一九九九年)。

教室の時間は、渡辺慧『時間』(白日書院、一九四八年)の区分を用いるなら、物理学的時間を主とし、各個人の中にある心理的時間と瞬間とを無視する。

(27) さわることが、教育の中心にある。私にとっても、二度目の鬱病があらわれたときに私は三つのことをした。一つは、うまれた家を手ぶらで出てそこにもどらないこと。もうひとつは、精神病院に入ること。三つ目は、精神病院を出てから下宿ずまいをすること。その三つ目の決断から、四つ目の偶然力が派生した。その家にうまれたばかりの女の子がいて、彼女との毎日の出会いが、私にうまれかわりをうながしたことがある。

木村聖哉「愛情とは触ることなり」(『冷蔵庫V』)は、著者と老母(この場合は著者のつれあいと著者の老母のかかわり)のことだが、この主題をとりあげ、私に共感をよびさました。

水上勉が、自分と関係をもった女性たちの列伝を書いた(『わが女ひとの記憶』文春文庫、一九八七年)。私は感動したが、自分についてそのような記録を書く力は私にはない。性交をふくめて、さわることは教育の一部分である。このことと小学校からまっすぐとりくめるといい。

(28)　荒川洋治の文章で読んだ。友人とうちあわせてまる一日をあけておき、その日は話だけしかしないという(荒川洋治「白い夜」『夜のある町で』みすず書房、一九九八年)。

井上達夫は、会話の作法は、相手の言うことをきき、それに対して答えることにあるとし、会話がおたがいの同意をときに中断されるとき、それは他日再開されることを前提とする信頼関係の中で中断されるのであって、限りなく改訂の用意のある態度がそれぞれの中にのこるという(井上達夫『共生の作法——会話としての正義』創文社、一九八六年)。

サークルのおもしろみは、その中で、相互交渉によってたがいの立場が動くことも自由であり、そのことによって責任を追及されないという暗黙の約束である。このことによって、サークルは、私にとって何十年にもわたって、自分の頭蓋のように感じられて来た。教室よりも教育的であり、教室も、サークルのようにはたらくとき、教育のはたらきをする。

ここまで書いてきて、手おくれだが、教育の一部に、読書がある。誰に読んでもらったのでもない『ショーガパン人間(ジンジャーブレッド・マン)』の絵本。英語のテキストはついていたが、二歳、三歳のころは、絵としてだけ見た。家から逃げてゆく子どもの悲しい運命の物語である。次に宮尾しげを『団子串助』(洋遊社)。これはマンガを見て、すじの中に入りこんだ。本がばらばらになったくらいだから、この影響は自分の中にのこっている。あとは、講談本と大衆小説。

大杉栄訳のクロポトキン自伝を教えてくれたのは、年長だがいとこの子にあたる石本新で、彼はその父の石本恵吉をとおして石川三四郎の影響をそのころ受けていた。

戦後、加藤周一が私にとっての読書案内人で、彼をとおして内外の良書を多く読んだ。いくらか読んではいたが心をこめて読んではいなかったE・M・フォースターを次々に読むようになったのは、加藤の紹介によってであり、読みおとしていたオルダス・ハクスリーの『ルーダンの悪魔』をしっかりと読んで、集団的怪物のドラマトルギーにふれたのも加藤の紹介によってである。これは日本の軍国主義を回想するときに手びきとなり、人民寺院、オウム真理教に対するときにも手引きとなった。

(29) 森毅は、自分は、もうろくのはてに、一個のオブジェとなることを理想としているという。自己教育の中で、自分はカエルのおきもののようになりたいという思いを内部にしずめてゆくこともできよう。私ならばタヌキである。無になる。風になる。さまざまのイメージをつくることができる。

この本の校正刷を読んで、注をつけたりないことに気づく。本文のあるところにつけるというのでなく、この本全体についての注として書きつぐ。

(30) 死を見つめることは、殺人を見つめることをふくめて、教育の計画の中にくみこまれる必要がある。

「晩年学フォーラム通信」は、一〇代、二〇代でも、晩年のことを考えられる共同の場としてつづいてきた。一九九六年六月で、五四号まで。中心にいるのは、上野瞭、片山寿昭、中村義一、村瀬学。発行所、京都市上京区同志社女子大学、児童文化研究室気付。

(31) 晩年とは反対の極にあるはじまりについて、芹沢俊介のするどい分析がある。

うみおとすということは、親が子どもにあたえる最初の暴力である。子どもはイノセンス(無垢)の状態でこれを受ける。子どもは、親の暴力に対する対抗暴力として、さあ殺せという仕方で自分をさしだす。ここに子どもの非行の原型がある。

その発展の形は、
①親による子どもへの初発の贈与としての暴力。
②子どもの受けた根源的な傷に対する対抗暴力。
③親によるその受容。
④イノセンスの解体。子どもの側に生じる根源的強制贈与の受容と肯定。つまり成熟。
非行の起源についてのこのスケッチは、少年非行を理解する道すじを示す。芹沢俊介『子どもたちはなぜ暴力に走るのか』岩波書店、一九九八年。

(32) 放浪の教育研修者に出会った。ヤマギシ会や留岡幸助の家庭学校に滞在して教育の実修をかさねていた。やがて横浜市寿町に定住して仕事をつづけ、自分自身の家庭をつくった。父親となることをひきうけ、野本三吉『父親になるということ』(海竜社、一九九九年)を書いた。

(33) 聴くことは教えることよりも前にあり、教えることのさけがたい一部分になる。そして、そのことが、明治以前の日本にくらべて明治以後の日本におとろえており、敗戦後に占領に便乗してすすめられた民主主義啓蒙教育において、さらに進んだ。この欠落は感じとられており、それは、河合隼雄の著作のうけいれられていることに、あらわれている。専門哲学者の中で、このことを分析した著作に、鷲田清一『「聴く」ことの力――臨床哲学試論』(TBSブリタニカ、一九九九年)がある。

（34）聴くことと切りはなせない力としての声を出すこと（歌うことをふくめて）のはたらきを分析した仕事に、自分の体験から例解した竹内敏晴『癒える力』（晶文社、一九九九年）がある。

（35）言葉の力が、あいまいなところからわきあがってくることは、I・A・リチャーズが、自分の学生だったW・エムプスンから啓発されたところであり、その後、リチャーズは、この新しく得た直観にもとづいて『レトリックの哲学』を書いたが、その他に、中国と日本に滞在した経験をいかして、協力者を得て、『心についての孟子説』（*Mencius on the Mind*, Routledge & Kegan Paul, 1964）を書き、広大な比較文化の領域にすすみ出た。

（36）桑原武夫『論語』（筑摩書房、一九七四年）は、私にとってこの本が出たときよりも今はおもしろい。桑原さんの生涯とあわせて読むと、代表作ではないかと思う。そう考えるようになったのは、中学三年生との座談を一三回つづける機会があってからで、一四、五歳の中学生男女が、自由にはなすとき、そこに『論語』があらわれるといい感じをもったからである。

別のグループの中学生の作文を福島美枝子さんから見せてもらった機会があった。宮沢賢治の作品についての感想は低調で、論語についての感想はいきいきしていた。

宮沢賢治の作品を教師が説明するとき、マニュアルどおりの平板さを感じ、偽善性を感じるようだ。荒川洋治の「美代子、石を投げなさい」に似た反応をその中学生からひきだす。

論語は、今の子どもは、江戸時代のようにおしつけがましさを感じないで、むしろ、そうだと納得できるらしい。

このことは、何百年をとおして、日本人には共通の読書があることを示唆する。また、何人かの子どもにとっては、生涯、心の中で読みつづける本(持続的読書)があることを示唆する。

(37) 五〇年あまり、私は、私の側からの無理解とむこう側からの誤解をあいだにして、花田清輝から影響をうけてきた。私の初期の本(久野収との共著『現代日本の思想』岩波新書、一九五六年)について、花田は、理想主義とすんなり言えばいいものを、わざとひねくって、「日本の観念論」などとレッテルをはって、とたたいたが、それは、私が、日本の学術用語について無学だったことから来るとは、想像できなかった。私にとっては、岩波哲学辞典で「アイデアリズム」(英語)をひくと、「観念論」と出ていたのでそうした。このような英語と日本語の溝におちたまま、私は、日本語で書きはじめた。そこからはじめて、花田から何度も批判をうけたが、その批判は、つねにあざやかで私に刺激をあたえつづけた。この本にも、花田の影響はさまざまなところにあらわれている。それをどこと特定できない。

(38) 吉本隆明『アフリカ的段階について』(春秋社、一九九八年)は、今の日本の教育を考える上で適切である。この本では、イシとクローバーの関係について書いたが、イシが、アルフレッド・クローバー、クローバー夫人シオドーラ・クローバー、夫妻の娘アーシュラ・ル

＝グインにあたえた影響、西洋文明の教育観、そしてそれをうけついだ明治以後の日本の教育観に対する適切な反対証言(カウンター・ステイトメント)になっている。吉本隆明が、彼自身の戦中体験から根ざす、カウンター・ステイトメントを、敗戦後、五〇年あまりつづけてきたこと、その上に彼自身の体系をつくりあげたことに脱帽する。

(39)　この本のⅠ章は、一九九八年に、岩波講座『現代の教育1　いま教育を問う』に書いたものだが、おなじ巻の内山節「「学び」の時間と空間の再構成」に啓発された。

この論文は長い年月にわたる時間についての思索のまとめとして書かれたもので、先行文献に『時間についての十二章──哲学における時間の問題』(岩波書店、一九九三年)、『子どもたちの時間──山村から教育をみる』(岩波書店、一九九六年)がある。

「ところが、戦後の子どもたちにとっては、時間は経過し、過ぎ去りつづけるもの、それゆえに、うまく使い捨てながら未来へとむかうものでしかなかった。」

「それは、時間を使い捨てながら生きることは、実は、その時間とともにあった自己も使い捨てながら生きることにつながる、ということである。」

「その作法からは、現実の喪失だけが生まれてくる。」

(40)　「技術史研究会」は、技術者がその職場から移ると自分のとりくんでいる問題から中途ではなれることになるので、その職から来て議論だけしてもとの場所にもどるというつみかさねの場だった(この点家庭の問題を論じるサークルもおなじ)。東大助手宇井純がくわわってから水俣病の原因をつくる企業を追及する新しい局面がこのサークル内にあらわれた。技術者のサークルのありかたを見事に要約している(『技術史研究　特集現代技術史研究会と星野芳郎』現代技術史研究会誌七一号、一九九九年七月)。

(41)　これは、私が常時出会っているサークルではなく、「神話的時間」という主題の投稿を読んでいて、その全体を出すことができるという感想をもった。そのときに、個人をこえるしかもばらばらの人びとの思想の符合におどろいた。横田幸子立案・熊本子どもの本の研究会で発行した鶴見俊輔・西成彦・神沢利子編『神話とのつながり――175篇のメッセージ』(一九九七年)。

どの論文からどういう借用をしているかについて、今の私には、出典をあきらかにすることがむずかしい。独断と偏見によって書いていることをおわびする。

あとがき

里見弴が九〇歳をこえて書いた随筆に、中学一年のころ白鳥庫吉からならった思い出がある。教室で、

「先生、ボタンをかけちがっていますよ」

というと、白鳥は顔をあかくして、自分の上衣のボタンを見て、かけなおしていたという。白鳥庫吉は、古代数詞の研究で仕事をのこした人だが、里見はこのことにふれていない。九〇歳あまりになると、自分の受けた教育について心にのこるのは、先生が顔をあかくしたことのあたたかい思い出である。

教育について考えるとき、私をまったく隠して書くことはできない。同時に、私の受けた教育についてふれるところも、教えた人が「私」をまったく隠して何かを教えたときには、受けとった知識にアクセントがついていない。

読者として編集者としての山田馨氏に御礼を申しあげる。

一九九九年七月三日

鶴見俊輔

解説

芹沢俊介

1

この論考を鶴見俊輔は、痛みによる教育の定義の試みである、と述べる。痛みによる教育の定義が可能だとすれば、痛みの数だけ教育の定義が生まれるだろう。それが教育に自由をもたらす。それゆえさまざまな定義が生まれるためのその補助手段として、このおぼえがきを記すと述べ、鶴見は、教育により自分が受けた痛みを語りはじめる。

生まれた子どもは自分という観念をもっていない。身近に自分と出会う相手を、親しく感じ、その相手がよいとするものをよいとし、悪いとするものを悪いとする習慣にとらえられる。私の場合、その相手である母親はきびしい人で、ことごとに、私の動きは悪いとされ、それぞれが毎日の痛みとなった。

このはじまりの痛みにはまったく自分の選択がはたらく余地はなく、受け取るよう強いられたものであり、拒否できなかったという意味で強制的に贈与されたものである。このような受動状態においてもたらされた存在にまつわる心的、内的な負荷あるいは傷、ここでは痛みを私は「イノセンス」と呼び、ここに暴力の初源を見ようとしてきた。

さて、痛みはその生じる場所、状況において自己を問う。なぜ私の動きのすべてが悪として否定されるのか。なぜ母は私の行動をこれほどまでに否定するのか。なぜ私は母にとって悪い子なのか。母にとって、私の存在はどのような意味をもっているのか。なぜ生まれたのか。なぜこの家に。なぜこの親なのか。なぜこの体なのか。なぜこの性なのか。なぜこの顔なのか……。これらの第一次的な問いを鶴見は後に見るように「親問題」と名づけた。そして「親問題」を考えることを「自己教育」と名づけている。

鶴見は、この痛みによる教育についての論議を、この本が書かれた二年前の一九九七年に神戸で一四歳の少年が一〇歳の少女と九歳の男の子を殺し、男の子の首をきって、中学校の校門の前におくという出来事から書き起こした。いわゆる酒鬼薔薇聖斗事件である。冒頭で鶴見俊輔は、この事件に触れて、こう書いている。

「事件の内部に入って、子どもの心をとおして、教育を考えることはできないとしても、この事件を、もっと長い年月の中においで見ることを、たとえ外部から見ることに終わるとしても、私はここにこころみたい。」

ここに鶴見の「教育」にたいする考え方がよく現れている。すなわち事件を考えることは、そのまま教育を考えることだ、というふうに問題を立てているのだ。

教育が子どもを善導すると信じている凡庸な(と私には思える)人たちは、殺人を犯した少年に「教育の欠如」を見る。教育の欠如を見るゆえに、このような事件の起きるたびに、よりいっそうの教育の必要性を声高に訴える。その切迫した調子が、さらなる国家による教育への介入を促すことになる。こうしてまた現状に息苦しさが加圧されていく。

鶴見は、まったく逆に、教育がもたらした痛みが一人の少年を酒鬼薔薇聖斗に仕立てたと考え、子どもが殺人を犯すにいたるまでの教育の関与こそを問うのである。教育とは、男の子の未来をこのような殺人犯に仕立てていくような親、教師、子どもたちのかかわりがもたらした痛みのことである、と鶴見は述べる。

「妻を殴る行動は、家庭の中で子どもに未来を植えつける。強姦殺人犯ペーター・キュルテンは、父が妻を強姦し娘たちを強姦する家庭の中で育った。」

鶴見はここで、こう問いかけているのだ。子ども自身、けっしてみずからそうなりたいと望んでなどいない未来を痛みとして植えつける力である教育とはなにか、と。

ところで、引用文の中の「もっと長い年月の中において見る」とはどういうことだろうか。個人に即しては誕生から老い、死というプロセスの中に教育をおいて見ることであり、同時に人類の歴史の始まりと終わり、国家の始まりから終わりまでを視野に入れて教育を見ることでもある。

教育が国家の統制のもとにおかれるようになったのは、一九世紀に成立した国民国家を背景としている。教育にたいする国家の介入を当然とみなすような視点はそれゆえ、たかだかこの二〇〇年の中で作られてきたイデオロギーにすぎないことがわかる。ということは、それを絶対化することの方こそが視野狭窄であるだけでなく、このような教育イデオロギー体制のもとで、多くの少年事件が、神戸の少年事件もまた起きたということは付け加えておいていいだろう。

2

このあとの進行を滑らかにするために、ここで一言、私見を差し挟ませていただきたい。教育も教育という言葉もきらいだ。この嫌悪は生理的なもので、できたら近づきたくない、近づかざるを得ないとしたら、後ろ向きに、という姿勢をとってきた。立派な前向きの発言を教育についてすることは、自分の生理が許さなかった。こういう私を作ったのが教育であり、とりわけ小学校、中学校の集団主義教育であった。学校は怖い。集団的身体を強いるから。個別的身体である私は自己の存在が息をつける隙間を探して、結局みつけられずに、悲鳴をあげそうになりながら、悲鳴をあげそうになる自分を抑えた。

以後、卒業することだけを目的に高校、大学と進んだ。子どものころに植えつけられた学校にたいする恐怖感は薄らぐことはなかった。だから、自分が長じて後に、子どもとのあいだに教育という関係を結ぶことを避けたのは必然であった。

結局、もし私にとって肯定的な意味での教育があるとすれば、それは自己教育しかないと思うようになった。

自己教育という言葉と最初に出会ったのは元教員であった小山俊一の思索の著書によってである。小山は、教育現象はあっても教育はないと言いきっており、教育の本質は自己教育である、教育現象(いっけん教育の結果のように見えるもの)も突き詰めてみれば自己教育であるというのであった。

教育に熱心な人たちにたいする根底的な不信感と恐怖感はここからも生じている。自己教育を妨げるものとしての教育というのが私の教育にたいする位置づけであった。教育をいかに遠ざけるか、というテーマがここから生まれる。

だが関係において成立するものという鶴見俊輔の教育の定義を前にすると、こういう努力が空しいものに思われてくる。なぜなら生まれたこと自体が、生きるということと自体が教育のただなかに入ることだからだ。それに私が嫌悪し遠ざけようとしてきたのは、主に制度的な教育であった(むろんそればかりではないのだが)ことを知る。

3

「教育」と「自己教育」がある、そう鶴見俊輔は書いている。「教育」は他者とのかかわりにおいて成立する。親子であることは教育である、男女のことは教育である。とすれば、学校教育は教育のほんの一部分でしかない。一方「自己教育」は自分と自分との関係において成立する、とりあえずこう理解していいだろう。

「自分」という観念の出現以前にすでに教育があった、と鶴見俊輔は述べる。以下は鶴見の言葉である。教育は人が生まれるところからはじまる。胎児としての成長のあいだに、母親の感情や動作によって影響を受けることもあり、母親とまわりの人とのやりとりは、リズムとして、生まれる前から胎児に感得される。この段階では、母親と胎児のあいだに、動物同士の相互教育がおこなわれる。

生まれたあとでは、子どもは、さまざまな言説にさらされるが、それは子どもにとって、日本語としてではなく、言語のリズムとしてうけとられる。人間の使う言語の根本の特徴としてとらえられる。この段階では、赤ん坊と母親とのあいだに、国民としての教育ではなく、日本人としての教育でもなく、人間の人間としての教育があらわれる。

その上に、人間関係である。小さいものとしての赤ん坊にたいして、大きいものとしての母親の関係が最初であり、それは世話する・世話される、という一方的な関係として開始される。もっといえば母親は、子どもにとって自分の内部に植えつけられたより深い自分であり、自分以上の自分である。この段階において教育は、自分の出現以前の無防備の自分の内部に入ってくる母親が(あとからできる)自分自身にたいしてもつ関係である。——

生まれる以前に埋め込まれる痛みがないわけではないけれど、痛みは通常、ここから始まる。

幼い鶴見にとっての人間関係に基礎をおく教育は、内部に入り込んできた母親が「私の中の良心」として住みつき、「私の行動の自由をさまたげる」という関係として自覚された。教育は鶴見にとって、いやなものとしてはじまったのだ。鶴見は、この教育に反発した。「反抗することが、ものごころついてからの私の日常であった」と述べている。鶴見によれば、教育にたいする反発・反抗が「反教育」なのである。個人の側に教育されない力というものはのこる、と鶴見は述べる。それを「反教育」と呼ぶ。反教育は教育をはじきかえす野生の力である。教育者のおもわくどおりに、生徒の力をためなおすことはむずかしいし、そういう努力をすることは、のぞましい教育ではない。教育と反教育の相互交渉の場を、のこすほうがいい、それならば教育と反教育の相互交渉を広く教育と呼んでもいいだろう、と鶴見は述べる。

これは、そのような相互交渉の場を母親との関係においては、いっさい残されなかった鶴見の苦しみの記憶がいわせたものである。

反教育を認めることは、鶴見の母親にとっては、自分の死を意味した。

他方、鶴見は、教育の拒絶としての反教育だけが生きるすべてだった。

だが、教育―反教育というせめぎあいにおいて、反教育の立場を生きる子どもは教育に圧倒されてひたすら後退を強いられていくしかない。

「学齢に達したあと、小学校で私は劣等生であっただけでなく、不良少年でもあり、自分の内部の悪人意識はつよまり、学校にすなおにしたがうことはなかった。反教育の立場から自分の打ちこんだことは、学校のよしとしない、講談本、小説本を毎日大量に読むことであり、小学校を休んで映画を見てすごすことであった。犯罪の記事と性に関する記事をひろって読み、警察をむこうにまわしてたたかった鬼熊、警察の眼をのがれて逃亡をつづけた阿部定には彼女との路上での遭遇を想像して恐怖するとともに、事件につよくひきつけられるのを感じた。」

「当然に私は、おなじ学校の小学生から中学生への推薦からもれて、他の学校の試験を受ける他なく、中学校に進学したものの一年で退校になり、もうひとつ他の中学校への編入試験に受かったが、そこもわずか二学期で退校になり、以後はしばらく学校からの無籍者として、郊外に納屋をかりてひとりでくらした。そのとき、自分で自分のくらしをたてることがいかにむずかしいかを思いしらされ、自己嫌悪をつよめ、自分が社会における悪人であることの自覚を深めた。」

「自殺未遂を何度かくりかえし、両親は、私の未来にさじをなげた結果、アメリカに送られた。自分の家からはなれて自分をとりもどし、一五歳から一九歳の終わりまで自分の好きなように学問をすることができた。」

もし、両親が鶴見の未来にさじをなげなかったらどうなっていたか、と問うことはたぶん意味のあることだ。おそらくは反教育という後退戦はさらに続いていたであろう。いつまで続いたかはしかとはいえないけれど、悪人であることの自覚すなわち痛みをさらに深めていったであろうことは疑いない。その果てに二つの方向が見えるように思える。一つは自殺してみずからの痛み——悪人の自覚——に終止符を打つこと。繰り返されてきた自殺未遂は、あるとき既遂となって、人生に終わりを告げるのだ。

もう一つは悪人という痛みの自覚を抱えたまま歩き続けるうちに、痛みに自己を預ける道を会得し、そこでたとえば悪人正機(善人なおもて往生をとぐ、いわんや悪人をや)を言いきった親鸞の他力思想に出遭うといった道だ。私には反教育が自己教育に転じるこの後者の道を想像することが興味深い。

しかし、そのどちらの方向にも鶴見は向かわなかったのである。そのどちらの道にも向かわなかったことにおいて、鶴見は鬱病を自己の中核に抱え込んだのだと思う。

鶴見の自己教育は、この鬱病とどう共存するか、共存しつつ対象化するか、という課題を抱え込んだのである。鶴見は、これまで三度、鬱病の症状が出たことを述べている。

4

まるごと(whole)と全体(total)を区別して考えたい、と鶴見は述べる。二つの区別は、私にはとても重要に思える。

トータルは、一人一人にたいする全体(total)の中での位置づけである。全体(total)の中での位置づけを可能にするためには、一定の尺度を用いての評価と比較が不可欠である。あるクラスのひとりの生徒は、たとえば達成度によって評価され、比較されることによって、学級という集団の中の位置が確定される。

ここで説明に用いられている達成度という評価と比較の尺度の導入は、子どもたちを均質な集団とみなす対応となって現れる。ホールは、そのような均質性として扱われることを許さない。そうした外からの対象化を拒むあり方である。「そのひとの手も足も、いやその指のひとつひとつ、においをかぎとる力とか、天気をよみとる力とか、皮膚であつさ、さむさ、しめりぐあいをとらえる力とか、からだの各部分と五感に、そしてそのひと特有の記憶のつみかさなりがともにはたらいて、状況ととりくむことを指す。その人のこれまでにうけた傷の記憶が、目前のものごとのうけとりかたを深めたり、ゆがめたり、さけたりすることを含む」と鶴見は述べる。

鶴見はトータルを、子どもたちに外から差異化の網をかけようとする対象化のはたらきかけの結果として見ている。つまり、教育である。ホールはそのような教育化の網の目を突き抜けてゆく「私」の全身全霊での状況への取り組みを指す概念として作られている。その点でホールは「反教育」である。トータルとホールは、教育と反教育のダイナミズムを記述しようとする概念だといえる。

だが、ホールには反教育を自己教育へと超えてゆく契機がはらまれていることを見逃してはならないだろう。なぜなら私的であることのすべてをぶつけて状況にとりくむことがホールであるなら、子どもはホールにおいて、なんらかの傷を受けることは不可避であり、その傷のもたらす痛みを引き受けていかざるを得ないからだ。痛みは誰とも交換不可能であり、それゆえ比較も評価も不可能である。ここに痛みというホールが教育を相対化し、同時に自己教育の出発点になる理由がある。鶴見が痛みからの教育の再定義というとき、このことを語っているのだ。

先に進む前に、ここでも一言、私がトータルとホールを自分なりにアレンジして用いてきたことを記しておきたい。

この二項対立的な把握は、私にとって、教育的まなざしの問題を提起するものであった。私はトータルを子どもに向ける教育のまなざしとして、ホールを脱教育のまなざしとして把握しなおしたのである。

トータルのまなざしを向けられた子どもたちは、二つの損傷をこうむる。その損傷の一つは、集団のなかで個々が評価・比較のまなざしに刺し貫かれることによってバラバラにされ、そのバラバラにおいて子どもたちは相互に敵対者になることである。もう一つは、評価・比較のまなざしによってもともとホールとしてある子どもが切り刻まれ、損傷を受けるのである。

要するに、トータルなまなざしはホールのまなざしの不可能性として作用するのである。逆にいえば、ホールはトータルなまなざしの相対化によってのみその姿を現すのだ。すなわちトータルのまなざしが強いところでは、子どもに安心と安定は覚束ない。そこはあらゆる子どもの不安行動すなわち暴力、いじめ、不登校、心の病いなどが発生する温床となっている。トータルなまなざしが弱まれば弱まるほど、子どもたちをホールでみようとするまなざしが現れ、その効果として子どもたちは安心と安定を得て、不安行動はおさまり、そこを居場所に感じることができるようになる。

鶴見の論理に即して、さらにまるごと＝ホールのはたらきを追ってみよう。

鶴見はホールとして現れる子どもにたいする教育は可能だろうか、という問題を立て、それにイエスと答えている。それが偶発性教育である。偶然性を見てとり、そのきっかけを生かす教育のことであり、親にとってむずかしく、教師にとってはさらにむずかしい。偶発性のきっかけを見逃してゆく教育をよろこんでうけいれる道もありうるし、むしろそちらの方が一般的である。それは、今日では、進学過程で成功する道であり、企業に同化する道である、と鶴見は書いている。

子どものまるごとが現れるその偶然の機会を捉えた教育のエピソードを鶴見が記しているので、紹介しよう。

鶴見の息子が愛読している『生きることの意味』の著者高史明の息子岡真史が自殺した。鶴見の息子は一二歳くらい、岡真史は一四歳だった。息子は動揺して鶴見のところに来て、「おとうさん、自殺をしてもいいのか?」とたずねた。それにたいして鶴見は二つの場面を想定して、そのようなことに直面したときにかぎって自殺を肯定する。

「戦争にひきだされて敵を殺せと命令された場合、敵を殺したくなかったら、自殺したらいい。君は男だから、女を強姦したくなったら、その前に首をくくって死んだらいい。」

岡真史の自殺という偶発的な出来事は、鶴見の息子をはげしい動揺に追い込んだ。この危機は、子どものまるごとが出現する場面を形成する。「おとうさん、自殺をしてもいいのか?」。ホールにたいする教育はそのまるごとの危機の発した問いを真正面で受けとめようとするところに成立する。それゆえ偶発性教育は、まるごとの受けとめ、肯定へと通じている。

もちろん、こうした問いを見逃すこともできる。とおりいっぺんのいのちの大切さを説くこと。今はそんなことを考えなくていい。キミにとって大事なことは勉強して成績をあげていい学校に入ることだ、というふうに問題を他へとすり替えること。だが、そのとき偶発性教育の機会は失われる。

ところで、ここに成立した偶発性教育とは別に、岡真史の自殺によって受けた鶴見俊輔の息子の打撃は、痛みとなって存在の背筋を走る。その痛みのまるごと性が、状況と取り組むときの取り組み方を根本的に規定する要因の一つである。その痛みが同時に生み出す問いが自己教育の契機となる。痛みが生み出す問いとは、ここでいえば「自殺をしてもいいのか?」であり、その周辺にいくつもの本質的な問いを生み出す。自殺と他殺とはどう違うのか。自殺は許されるのに他を殺すことが許されないのはなぜか。人を殺してはいけないのか。なぜ生きていなければならないのか。死とはなにか。……これらの一群の問いを鶴見は「親問題」と名づけている。「人は生きているかぎり、今をどう生きるかという問題をさけることができない。今生きているということが、問題をつくる。それが親問題である。」

自己教育は、このような「親問題」を作ることにおいて、「親問題」に答えようとするところに、生じる。さきにみたように、教育はしばしば、このような「親問題」(第一次的問題)を「子問題」(二次的な問題)へとすり替えてしまうのだ。教育はそのようなとき、自己教育を妨げる力と化すのである。「親問題」をしめだしてしまうと、学校での勉強の能率はあがるかもしれない。だが、しめだすことはできても、「親問題」を消し去ってしまうことはできない。しめだしたことが後になって生き難さとなってはねかえってこないという保証はどこにもないのである。

5

最後に悪人という痛みの自覚が、鶴見をどのように生かしてきたかが記された箇所を紹介して、このいささか長すぎた解説を終わりにしよう。

鶴見は、人生のもっとも困難な時期を乗り切れたのは、痛みの記憶であると書いている。人生のもっとも困難な時期とは、次のような場面である。日米戦争のとき海軍にいながら、日本の敗北を信じ、日本の戦争目的の正しさを信じていなかった鶴見は、この戦争で死ぬことを受け容れられなかった。ところが正義の戦争であるという信念をもって死を覚悟している同年輩の青年たちを前にしたとき、自己の態度が崩れそうな危機にみまわれる。彼らにたいして死の覚悟のない自己をはずかしく思い、自分の思うところをかくさず仲間たちに言ってしまいたい衝動に駆られたのである。だが、鶴見はかろうじて踏みとどまることができた。

「そのときに、自分を支えたのは、小学生のころ、悪人として校庭にひとり立っていたときの記憶である。子どもの悪人はたったひとりで、家庭と学校と社会からの正義の攻撃にさらされる。私の場合、エホバの怒りに対して立つアダムの立場から人生がはじまった。」

「自分の傷ついた部分に根ざす能力が、追いつめられた状況で力をあらわす。自覚された自分の弱み(ヴァルネラビリティー)にうらうちされた力が、自分にとってたよりにできるものである。正しさの上に正しさをつみあげるという仕方で、ひとはどのように成長できるだろうか。」

「こう考えると、はねのけようとしてはねのけられずに自分の内部に住みついた母親(故人)が、私に教育をさずけつづけ、生涯かかって、その母親との格闘が、自分が力をくみとる泉となってきたことに気づく。」

教育が正義と多数を独占するとしたら、反教育はその反対の悪と孤独に根拠を置くしかない。反教育に立っての教育との格闘は、悪と孤独という自分の弱み＝痛みの記憶に依拠する自己教育に支えられなければ、容易に正義と多数の攻撃に屈してしまったであろうというのである。自己教育の勝利が伝わってくる箇所である。

この論考を書きはじめたとき鶴見俊輔は七七歳であった。鶴見は、老い(もうろく)や死を視野にいれた自己教育が必要であることをくりかえし語っている。このことは、自分らしく老いること、自分らしく死ぬことのむずかしい時代に今があることを告げている。むろんそれだけではない。もっとたいせつなこととして、みずからの痛みに立った教育の再定義をこころみるに、遅きに失するということはないことを伝えようとしてもいるのである。そのような気持ちを抱く人にとって、この本はたくさんの示唆と刺激とそして勇気とをあたえてくれるものと確信する。

（せりざわ・しゅんすけ　評論家）

本書はシリーズ「教育の挑戦」の一冊『教育再定義への試み』
として、一九九九年一〇月に岩波書店より刊行された。

教育再定義への試み

2010年3月16日　第1刷発行
2024年1月15日　第7刷発行

著　者　鶴見《つるみ》 俊輔《しゅんすけ》

発行者　坂本政謙

発行所　株式会社 岩波書店
〒101-8002 東京都千代田区一ツ橋 2-5-5

案内 03-5210-4000　営業部 03-5210-4111
https://www.iwanami.co.jp/

印刷・精興社　製本・中永製本

ISBN 978-4-00-603199-2　　Printed in Japan

岩波現代文庫創刊二〇年に際して

二一世紀が始まってからすでに二〇年が経とうとしています。この間のグローバル化の急激な進行は世界のあり方を大きく変えました。世界規模で経済や情報の結びつきが強まるとともに、国境を越えた人の移動は日常の光景となり、今やどこに住んでいても、私たちの暮らしは世界中の様々な出来事と無関係ではいられません。しかし、グローバル化の中で否応なくもたらされる「他者」との出会いや交流は、新たな文化や価値観だけではなく、摩擦や衝突、そしてしばしば憎悪までをも生み出しています。グローバル化にともなう副作用は、その恩恵を遥かにこえていると言わざるを得ません。

今私たちに求められているのは、国内、国外にかかわらず、異なる歴史や経験、文化を持つ「他者」と向き合い、よりよい関係を結び直してゆくための想像力、構想力ではないでしょうか。

新世紀の到来を目前にした二〇〇〇年一月に創刊された岩波現代文庫は、この二〇年を通して、哲学や歴史、経済、自然科学から、小説やエッセイ、ルポルタージュにいたるまで幅広いジャンルの書目を刊行してきました。一〇〇〇点を超える書目には、人類が直面してきた様々な課題と、試行錯誤の営みが刻まれています。読書を通した過去の「他者」との出会いから得られる知識や経験は、私たちがよりよい社会を作り上げてゆくために大きな示唆を与えてくれるはずです。

一冊の本が世界を変える大きな力を持つことを信じ、岩波現代文庫はこれからもさらなるラインナップの充実をめざしてゆきます。

（二〇二〇年一月）